Prof. Dr. med. Josef
Natürliche Empfängn

Hinweise zum Gebrauch des Buches

Möchten Sie sofort mit der Natürlichen Empfängnisregelung beginnen? – Dann lesen Sie zuerst ab Seite 12 nur die „roten Seiten" und Sie erhalten sofort alle notwendigen Anleitungen.

Anhand Ihrer Beobachtungen werden Sie langsam und tageweise durch den Regelmonat geführt.

Die wichtigsten Hinweise für die Anfängerin sind mit ▶ gekennzeichnet.

Beachten Sie bitte schon zu Beginn den Anhang B (Bekleidung, Intimhygiene) ab S. 114!

Den Rest des Buches lesen Sie am besten erst nach Ablauf eines Regelmonats oder wenn eine besondere Frage auftreten sollte.

Prof. Dr. med. Josef Rötzer
unter Mitarbeit von Elisabeth Rötzer

Natürliche Empfängnisregelung

Der partnerschaftliche Weg –
Die sympto-thermale Methode

Herder
Freiburg · Basel · Wien

23. (32.) neubearbeitete Auflage 1997

Verlag Herder Freiburg im Breisgau 1996
Satz: Fotosetzerei G. Scheydecker, Freiburg i. Br.
Druck und Einband: Freiburger Graphische Betriebe
ISBN 3-451-23983-3

Inhalt

Dieses Buch soll bei Ihnen zu Hause immer zur Verfügung sein, damit Sie bei auftretenden Fragen sofort nachlesen können. Überhaupt sollten Sie das Buch immer wieder zur Hand nehmen und einige Seiten darin lesen.

Anstelle eines Vorwortes zur 22. Auflage

Widmung an meine Frau

Bei der Wiener Frühjahrsmesse im März 1951 wurde ein Frauenthermometer für die Natürliche Empfängnisregelung angeboten und auf einer Seite Werbetext die dazu notwendige morgendliche Messung der **Temperatur** erklärt. Hierüber hatte ich im Medizinstudium nichts gehört. So bat ich meine Frau, mit einem gewöhnlichen Fieberthermometer ihre Aufwachtemperatur zu messen.

Bereits der erste beobachtete Regelmonat zeigte den typischen Temperaturverlauf eines normalen Zyklus mit einer zunächst tieferen Temperaturlage, einem Temperaturanstieg und einer nachfolgenden höheren Lage der Temperatur.

Ich danke es der guten Beobachtungsgabe und Aufgeschlossenheit meiner Frau, daß sie mich spontan auf Zeichen hinwies, die gegen Ende der tieferen Temperaturlage und bisweilen auch noch im Temperaturanstieg auftraten. In dieser Zeit des Zyklus war am Scheidenausgang eine eigentümliche **Schleimabsonderung** festzustellen. Zugleich trat um diese Zeit an einem oder an einigen wenigen Tagen ein **Schmerz im Unterleib** auf.

Das veranlaßte mich, in verschiedenen Bibliotheken nachzulesen. In der deutschen, englischen und französischen Literatur wurde seit langem über den sogenannten „Mittelschmerz" berichtet, der irgendwie mit dem Eisprung zusammenhinge.

Sehr viel war bereits damals über den Zervixschleim veröffentlicht. Es stand fest, daß seine Verflüssigung an den wenigen fruchtbaren Tagen für das Eintreten einer Empfängnis unerläßlich ist. So sollte auch bei Kinderwunsch vor allem der für eine Empfängnis optimale Tag des verflüssigten Zervixschleims festgestellt werden.

Bisweilen fand sich der Hinweis, daß manche Frauen den Zervixschleim beobachten könnten. Ich konnte bald herausfinden, daß bereits damals mehr als 90 % der Frauen dazu imstande waren, obwohl in den Fünfzigerjahren zunächst ein gewisser Widerstand gegen diese Selbstbeobachtung bestand. Heute wissen wir, daß fast alle Frauen – auch bei uns im Westen – bei guter Unterweisung den Zervixschleim wahrnehmen können[42]. *)

Aufgrund der Literatur kam ich zur Ansicht, daß es zur Feststellung einer unfruchtbaren Zeit notwendig ist, beim Temperaturanstieg **drei** hohe Messungen abzuwarten. Eine amerikanische Arbeit aus 1950[3] legte dies aufgrund von Operationsbefunden am Eierstock nahe; es fanden sich nämlich am Tag des Temperaturanstieges bisweilen noch nicht gesprungene reife Follikel. Man verlangte damals einen steilen Temperaturanstieg, einen „Temperatursprung". Mir schien aber, daß man das Ende der Phase mit dem Zervixschleim abwarten müsse, um einfach „höhere" Temperaturwerte beurteilen und akzeptieren zu können.

1951/52 standen die ersten Anwendungsregeln fest. Leider fanden sich keine Kollegen, die mir helfen bzw. mitarbeiten wollten. Mein erster Leitfaden zur Regelung der Empfängnis erschien 1965[25]. Petra Frank und Elisabeth Raith wiesen in ihrem wissenschaftlichen Standardwerk „Natürliche Familienplanung" (1985)[7, S. 59] auf diese neue Vorgangsweise hin. In der 2. völlig überarbeiteten und erweiterten Auflage dieses Werkes (1994)[7, S. 10] wird dazu eigens gesagt, daß es sich bei Rötzer um die weltweit erste sympto-thermale Methode handelt. 1968 konnte ich meine Vorgangsweise in einer medizinischen Fachzeitschrift publizieren[26]. Im 12bändigen Standardwerk „Klinik der Frauenheilkunde und Geburtshilfe" behandelt Band 2 (1989) das Thema „Sexualmedizin, Infertilität, Familienplanung"[43].

---

*) Die hochgestellten Ziffern beziehen sich auf das Literaturverzeichnis Seite 120ff.

K. O. K. Hoffman schreibt darin über die „Natürliche Familienplanung“. Dazu heißt es auf Seite 166, daß „die Kombination von Beobachtung des Zervixschleims und der Aufwachtemperatur auf den Österreicher Rötzer zurückgeht, der die Methode erstmals 1968 beschrieb“[26]; es hätte eigentlich zutreffender heißen sollen: „auf Margareta und Josef Rötzer“.

Inzwischen ist seit längerem unter den zuständigen Fachleuten eine weltweite Übereinstimmung festzustellen, daß es in einem Zyklus der Frau nur wenige fruchtbare Tage gibt. Die Mehrzahl der Zyklustage sind unfruchtbar. Die Kombination von Aufwachtemperatur und Beobachtung der Zeichen der Fruchtbarkeit haben es möglich gemacht, die wenigen fruchtbaren Tage einzugrenzen und eine größere Zahl von unfruchtbaren Tagen mit einer derartigen Genauigkeit zu bestimmen, daß eine Empfängnis mit Sicherheit vermieden werden kann. Die genaue Kenntnis der fruchtbaren Tage ist von besonderer Bedeutung bei Kinderwunsch.

Anleitung zum Gebrauch dieses Buches

Anhand der Tabellen 1 bis 8 ab Seite 12 dieses Buches (Seiten mit rotem Rand) sollen Sie sofort mit der Beobachtung Ihrer Zyklen beginnen. Es ist nicht notwendig, zuerst das ganze Buch zu lesen.

Diese „roten Seiten“ können ausreichend sein, um Ihre Aufzeichnungen bereits im ersten Zyklus auswerten zu können.

Die wichtigsten Hinweise für die Anfängerin sind mit ▶ gekennzeichnet.

Wenn dann weitere Fragen auftreten sollten, können Sie den Rest des Buches mit Gewinn lesen.

Beachten Sie, bitte, schon zu Beginn den Anhang B (Bekleidung, Intimhygiene) ab Seite 114!

Der partnerschaftliche Weg

Immer wieder klagen Frauen darüber, daß sie sich „allein gelassen" fühlen, wenn sie täglich die Pille schlucken müssen. Selbst die niedrigst dosierten Pillen konnten die am meisten gefürchteten Nebenwirkungen nicht beseitigen. Diese die gesamte Ehe belastende Situation ruft nach einer Mitarbeit des Mannes bei der Lösung des Problems der Regelung der Empfängnis, das über Jahrzehnte hinweg bewältigt werden muß. Derzeit wird diese Last fast ausschließlich der Frau aufgebürdet.

Die feststellbare Pillenmüdigkeit fällt mit einer anderen weltweiten Bewegung zusammen, nämlich der Suche nach einem natürlichen Leben inmitten der überhandnehmenden Technisierung. Man wehrt sich gegen die zunehmende Umweltverschmutzung in all ihren Formen, wie auch gegen den übersteigerten Medikamentenmißbrauch. Frauen fühlen sich von der Pille „chemisch verändert".

So stößt die Natürliche Empfängnisregelung (NER) nunmehr auf vermehrtes Interesse. Was liegt eigentlich näher, als an den wenigen fruchtbaren Tagen auf den ehelichen Verkehr zu verzichten, wenn eine Schwangerschaft vorübergehend oder dauernd nicht verantwortet werden kann? Die Beobachtung des Zyklusablaufs wird für die Frau und für den Mann zu einem interessanten gemeinsamen Erlebnis. Oft stellt sich ein weiteres unerwartetes Ereignis ein, daß nämlich bis dahin unregelmäßige Zyklen regelmäßiger werden. Wird eine Schwangerschaft gewünscht, weiß man um die Lage der fruchtbaren Tage und kann zusätzliche Erfahrungen sammeln (Siehe S. 67f. und 90ff.).

Es hat sich sehr bewährt, wenn der Mann die Aufzeichnungen führt. Dadurch ist er ständig informiert, an welchem Tag des Zyklus sich seine Frau befindet. Im gemeinsamen Gespräch werden Schwierigkeiten besprochen und schon allein dadurch einer Lösung näher gebracht. Man lernt dadurch auch, unbefangen über intime Dinge zu reden. Dieser partnerschaftliche Weg regt das Gespräch in der Ehe von neuem an und verhindert ein Nebeneinanderleben in Schweigen, das den Tod so vieler Ehen bedeutet.

Die gemeinsame Bewältigung der fruchtbaren Tage, an denen bewußt auf den ehelichen Verkehr verzichtet wird, läßt das Ehepaar erleben, daß es auch noch andere Ausdrucksformen ehelicher Liebe gibt. Ein hoher Stellenwert kommt hier der Zärtlichkeit zu, die auch sonst das gemeinsame Leben ständig begleiten soll. Männer vergessen sehr oft die Zärtlichkeit im Alltag und übersehen, daß die Frau viel mehr danach verlangen würde, bisweilen mehr als nach dem ehelichen Verkehr (vielleicht auch deshalb, weil der Mann auf die Zärtlichkeit im Alltag vergißt?). Man sollte eigentlich nie von Tagen der Enthaltsamkeit oder Abstinenz sprechen, da dies einen negativen Klang hat. Es sind ja nicht Tage ohne Liebe!

Auch die Pflege gemeinsamer Interessen kann helfen, diese Tage, an denen der eheliche Verkehr unterbleiben soll, besonders kreativ zu gestalten. Immer mehr Ehepaare berichten über die positiven Auswirkungen eines derartigen Verhaltens, wenn dies in beiderseitigem Einvernehmen geschieht. Dies hat schon mancher Ehe einen neuen Sinn gegeben und die gegenseitige Liebe reifer werden lassen.

→ Leere Tabellen finden Sie am Ende des Buches.
Tabellen in etwas größerem Format können in Blocks zu 50 Stück über den Buchhandel bezogen werden.

Tabelle 1: Eintragen der Regelblutung

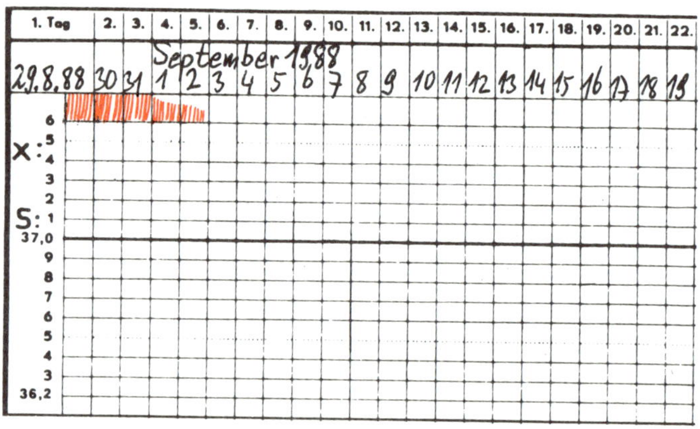

Unter dem gedruckten **1. Tag** wird stets das Datum des **1. Tages der Regelblutung** (Menstruation) eingetragen: hier 29. 8. 88. Als **1. Tag** gilt der Tag (bis Mitternacht), an dem man das Einsetzen der Menstruation wahrnimmt (also unabhängig von der Uhrzeit). Die ungefähre Uhrzeit kann vermerkt werden (wie z. B. bei **Tabelle 8**, S. 40).

- **Mit dem 1. Tag der Regelblutung (Menstruation) beginnt der Regelmonat (Zyklus)**

Die weiteren Datumsangaben werden im voraus eingetragen. Das Kästchen unter jedem Tag, an dem die Blutung in voller Stärke vorhanden ist, wird mit Rotstift voll angezeichnet (schraffiert), bei Schwächerwerden der Blutung nur ein Teil des Kästchens. Leichte Nachblutungen werden mit roten Strichen oder Pünktchen angedeutet. Es kann vorkommen, daß nach einer vorübergehenden Verminderung der Blutung diese wieder stärker wird. In der obigen Tabelle ist ab dem 6. Tag keine Blutung mehr vorhanden.

Es kann zu schwerwiegenden Fehlern führen, wenn man das Ende der Regelblutung abwartet und dann erst mit dem 1. Tag zu zählen beginnt. Alle Aufzeichnungen müssen mit dem **1. Tag der Menstruation** beginnen, dessen Datum immer **in einer neuen Tabelle** unterhalb des vorgedruckten 1. Tages zu schreiben ist.

Es können leichte Vorblutungen oder ein bräunlicher Abgang vor dem deutlichen Einsetzen (vor dem 1. Tag) der eigentlichen Menstruation auftreten. Meist besteht kein Zweifel, wo der **1. Tag** der Menstruation anzunehmen ist. Falls Unklarheiten bestehen, kann man den Verlauf der Temperaturkurve vor Einsetzen der Menstruation mitberücksichtigen (siehe S. 32).

Wenn eine Frau eine „Spirale" in der Gebärmutter hat, können längere Vor- und Nachblutungen auftreten. Dennoch soll man versuchen, die im nachfolgenden beschriebenen Zyklusaufzeichnungen vorzunehmen. Meistens kommt man zu verwertbaren Ergebnissen. Da man trotz liegender „Spirale" schwanger werden kann, hat es einen Sinn, die fruchtbaren Tage herauszufinden. Die Wirkung der „Spirale" besteht vor allem darin, daß sich ein befruchtetes Ei (eigentlich: **das Kind**) in der Gebärmutter nicht einbetten kann („Nidationshemmung"); **es ist dies eine Abtreibung im frühesten Stadium**. Jede eintretende Schwangerschaft bedarf einer sorgfältigen ärztlichen Überwachung. Es ist auch ein relatives Ansteigen der Zahl der Eileiterschwangerschaften festzustellen. Bei Frauen, die eine „Spirale" tragen, kommt es häufiger zu chronischen Unterleibsentzündungen. Diese treten noch häufiger bei jungen Frauen auf, die noch kein Kind zur Welt gebracht haben; das kann dauernde Unfruchtbarkeit zur Folge haben.

Während der Pilleneinnahme kann es sinnvoll sein, die nachfolgend beschriebenen Beobachtungen zu machen. Meistens wird es möglich sein, eine Art Zervixschleim an einigen Tagen wahrnehmen zu können. Es hängt von der Art der Pille ab, an welchen Tagen dieser Zervixschleim auftritt, der durch Östrogene in der Pille hervorgerufen wird. Das kann eine Hilfe zum Erlernen der Beobachtungen sein. Man muß aber wissen, daß dies ein Kunstprodukt ist und nicht angibt, wo die Phase mit dem Zervixschleim nach Absetzen der Pille zu finden sein wird. In der Mehrzahl der Fälle stellt sich nach Absetzen der Pille (Pillenpackung zu Ende nehmen!) ziemlich rasch ein normaler Zyklusverlauf ein (siehe **Tabelle 18**).

Zwei sehr wichtige Vorbemerkungen:

I. Lesen Sie bitte zunächst die Beschreibung von möglichen **Empfindungen im Inneren der Scheide**, wie sie nachfolgend bei **Tabelle 1.1** unter [3.] beschrieben sind. **Manche Frauen haben Derartiges seit jeher empfunden, konnten es aber nicht einordnen.**

II. Falls Sie den Eindruck haben sollten, daß eine derartige Beobachtung für Sie noch nicht durchführbar ist, dann können Sie die **Tabelle 1.1** mit dem dazugehörigen Text überspringen und befassen sich sofort mit der **Messung der Aufwachtemperatur** (**Tabelle 2**).

Tabelle 1.1: Beobachtungen nach Menstruation

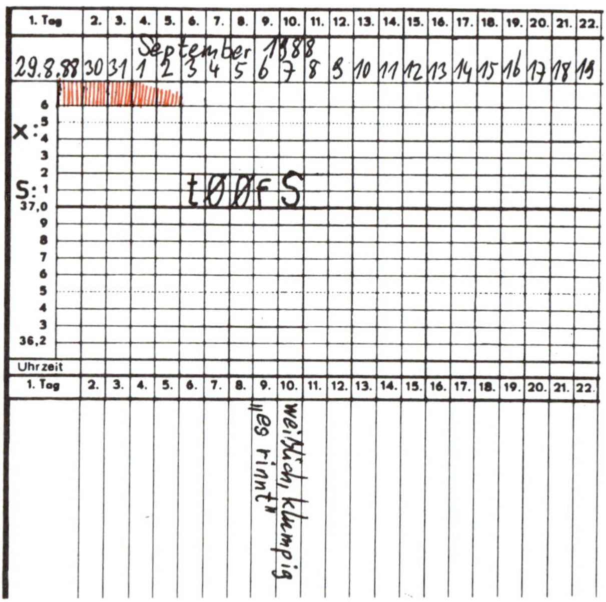

Wenn Sie sich entschließen können, sofort nach der Menstruation jene Beobachtungen zu machen, die nachfolgend beschrieben werden, können Sie den einfachsten Weg finden, nur mit Hilfe von Empfindungen den frühest möglichen Beginn der fruchtbaren Tage zu bestimmen.

Dieser Hinweis soll Sie auch in besonderer Weise darauf aufmerksam machen, daß alle jene Beobachtungen am Scheideneingang und alle jene **Empfindungen im Inneren der Scheide**, die in diesem Buch beschrieben werden, von wesentlicher Bedeutung für eine möglichst enge Eingrenzung der fruchtbaren Tage sind.

Leider müssen wir immer wieder die Erfahrung machen, daß diese Beobachtungen vernachlässigt werden und man sich zu sehr auf die alleinige Messung der Aufwachtemperatur verläßt. Für eine erfolgreiche Anwendung der Natürlichen Empfängnisregelung muß aber die Aufwachtemperatur zumindest mit der Beobachtung von jenen Zeichen der Fruchtbarkeit kombiniert werden, die von fast jeder Frau leicht festgestellt werden können.

Im Text zur Tabelle 3 werden diese Zeichen besprochen, die man an den besonders fruchtbaren Tagen beobachten kann. Jetzt soll auf Empfindungen hingewiesen werden, die eine Frau **nach der Menstruation** am Scheideneingang oder im Inneren der Scheide wahrnehmen kann.

Immer mehr Frauen berichten, daß sie die fruchtbaren Tage nur mit Hilfe verschiedener Empfindungen bestimmen können. Dazu sollen erste Hilfen angeboten werden.

Auf der dicken Linie für 37 Grad werden bestimmte Buchstaben für bestimmte Empfindungen eingetragen:

1. **t** = „trocken“; man hat eine ausgesprochen trockene Empfindung am Scheidenausgang, die unangenehm und mit einem juckenden Gefühl verbunden sein kann (bei sexueller Erregung kann es zu einer starken Flüssigkeitsabsonderung kommen, die aber nicht als Zeichen der fruchtbaren Tage anzusehen ist).
2. **Ø** = „Null durchgestrichen“; man empfindet **„nichts“**. Man fühlt sich weder unangenehm „trocken“ noch irgendwie „feucht“. Man ist nicht sicher, ob man noch „trocken“ ist, kann aber auch noch nicht sagen, daß schon etwas Feuchtigkeit vorhanden ist. Beste Beschreibung auch für Frauen, die **t** nicht wahrnehmen können: **„nichts gespürt, nichts gesehen“**.
3. **Entweder im Anschluß an t oder an Ø könnte es sein, daß Sie plötzlich eine Empfindung im Scheideninneren wahrnehmen (Tabelle 1.1:** Kleinbuchstabe **f** am 9. Tag): „Es ist, als ob etwas **in der Scheide (im Inneren der Scheide)** hinunterrinnt“, „als ob Tröpfchen nach unten rinnen“. Diese Empfindung kann so stark werden, daß manche Frauen in der untersten Spalte der Tabelle eintragen: „es fließt“, „es rinnt“ (siehe **Tabelle 1.1**).

- Andere Beschreibungen: „Als ob **Bläschen in der Scheide wären**" („**es blubbert**", „es gluckst"), „spüre das Innere", „... den inneren Rand", „Feuchtigkeit und Wärme in der Scheide". Allgemein ausgedrückt: „es tut sich etwas **innerhalb der Scheide**". Manche Frauen haben den Zugang zu dieser Wahrnehmung durch den Ausruf gefunden: **„Tatsächlich, ich habe eine Scheide"**. Die Scheide als Organ wird bewußt.

Beim ersten Auftreten einer derartigen Empfindung sollen Sie sofort das Badezimmer oder die Toilette aufsuchen. Bei einem **sofortigen** Nachsehen werden Sie überrascht sein, daß Sie äußerlich trokken sind. Einige Zeit später könnte sich am Toilettenpapier Feuchtigkeit bemerkbar machen, z. B. ein feuchter Glanz im Papier.

- Falls eine Empfindung der oben beschriebenen Art vorliegt, wird der Kleinbuchstabe **f** auf der dicken Linie für 37 Grad eingetragen (siehe **Tabelle 1.1**, 9. Tag).

Für die Anfängerin kann etwas sehr wichtig sein: **Den Finger nicht in die Scheide einführen!** Das Innere der Scheide ist fast immer feucht, was zu Verwirrung führen kann.

Was können Sie tun, wenn Sie f (noch) nicht empfinden?

Lesen Sie bitte aufmerksam **Anhang B** (S. 114). Versuchen Sie sich nach den dort angeführten Punkten zu verhalten. Jede einengende Unterwäsche besonders aus Kunstfaser fördert das Entstehen von Ausfluß und verhindert das Wahrnehmen von Empfindungen. Verzichten Sie in der Lernphase auf die Hosenmode. Selbst Pyjama-Hosen oder andere Höschen während der Nacht können stören.

Dann ist es nur notwendig, in Geduld zuzuwarten, bis sich die entsprechende Empfindung einstellt. Meist ist es dann für gewöhnlich ein sogenanntes „Aha-Erlebnis". In der weiteren Folge wird sich diese Empfindung von selbst bemerkbar machen, ohne daß Sie in besonderer Weise verkrampft darauf achten müssen.

Hinweise für das Eintragen von f

- **Wichtig:** Am Abend eines jeden Tages muß man sich klar darüber werden, was an diesem Tag das qualitativ beste Zeichen der Fruchtbarkeit war. Selbst wenn dieses nur einmal am Tag aufgetreten sein sollte, wird das entsprechende Symbol eingetragen (siehe Text zu **Tab. 3**).

- Es kann nun vorkommen, daß am selben Tag z.B. nach **f** am Vormittag ein **S** am Nachmittag auftritt. Es muß daher am Abend **auf der dicken Linie für 37 Grad** ein **S** eingetragen werden.
- Da das Wahrnehmen von **f** die erste mögliche Fruchtbarkeit anzeigt, soll aber festgehalten werden, daß **f** vor dem **S** zur Beobachtung kam.
- Um das in der Tabelle anzuzeigen, wird **S** eingetragen und mit einem **Schrägstrich darüber** auch **f** angegeben, d.h. daß **f** vor **S** zur Beobachtung kam (siehe auch **Tab. 12, 13**). **f** ist noch nicht Zervixschleim, sondern eine Absonderung der Scheidenwand als Hinweis dafür, daß **S** bald auftreten wird.

Die Auswertung von f und anderer Empfindungen

- **Wenn die Empfindung f regelmäßig vor S auftritt, dann könnte es möglich sein, zu Beginn des Zyklus Unfruchtbarkeit bis einschließlich letzter Tag ohne f anzunehmen.** Gerade hier ist das Sammeln eigener Erfahrung über die Verläßlichkeit der eigenen Beobachtung sehr wichtig (ist bei **Tabelle 7** näher erklärt).

So können Sie dann mit zunehmender Erfahrung nicht nur den Beginn der fruchtbaren Tage rein empfindungsmäßig wahrnehmen, sondern es werden Ihnen auch die Empfindungen der besonders fruchtbaren Tage zunehmend mehr bewußt: **„naß und/oder schlüpfrig“** („glitschig“) und/oder „weich“, „glatt“, „wie angeschwollen“. Der Zervixschleim der besonders fruchtbaren Zeit (**S** der **besten Qualität**) ist im Text zu Tabelle 3 beschrieben.

- **Nur die Wahrnehmung von f wird in unserem Lehrprogramm als „Feinbeobachtung“ bezeichnet.**

Wer daher f einträgt, gibt damit an, daß die beschriebene **Empfindung im Inneren der Scheide** wahrnehmbar ist.

Wer nur äußerlich „feucht“ empfindet, kann im untersten Bereich der Tabelle quer hineinschreiben **„äußerlich feucht“**. Dann sollte man versuchen, vielleicht doch zusätzlich festzustellen, ob nicht **S** am Toilettenpapier vorhanden ist (siehe Text zu **Tabelle 3**).

Tabelle 2: Aufwachtemperatur

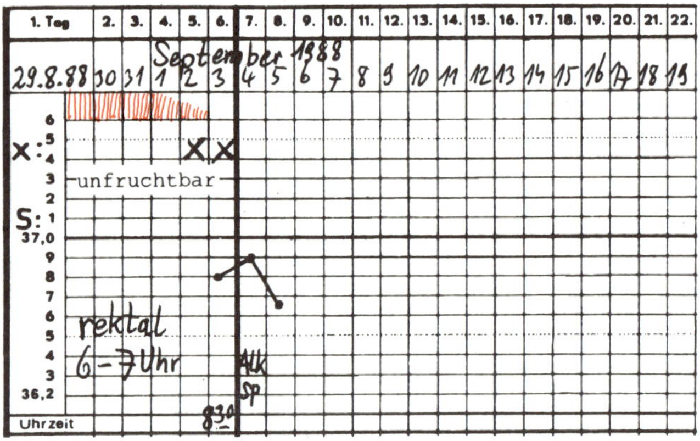

Die Aufwachtemperatur wird am Morgen unmittelbar nach dem Erwachen gemessen, ist daher die erste Handlung nach dem Aufwachen und hat vor dem Aufstehen und vor jeder anderen Tätigkeit (auch Trinken oder Rauchen) zu erfolgen.

1. **Das Thermometer muß griffbereit mit hinuntergeschlagener Quecksilbersäule auf dem Nachtkästchen liegen.** Am Abend vorher wird nachgesehen, ob es unter 36 Grad steht. Kugelschreiber bereitlegen.

2. **Die Messung muß nicht täglich zur gleichen Uhrzeit erfolgen.** Unterschiede in den Meßzeiten bis zu eineinhalb Stunden von einem Tag zum anderen sind bedeutungslos. Größere Unterschiede und **Meßzeiten nach 7.30 Uhr** werden eingetragen (siehe 6. Tag: 8.30 Uhr; **spätere Meßzeiten ergeben meist höhere Temperaturwerte**).

3. Es stört nicht, wenn in der Nacht kurz aufgestanden worden ist, um z. B. ein Kind zu versorgen. Man sollte nur vor dem Messen wieder etwa eine Stunde geruht haben. Ansonsten soll die tägliche Gesamt-Nachtruhe im Schnitt 6 Stunden nicht unterschreiten. Weniger Schlafenszeit führt zu chronischem Schlafmangel und kann zu unregelmäßigen Temperaturen und unregelmäßigen Zyklen führen. Folgende weitere Anmerkungen sind notwendig:

a = in der Nacht oft **auf**gestanden,

sp = ungewöhnlich **sp**ät ins Bett gekommen (insbesondere, wenn man nach Mitternacht zu Bett geht, kann die Temperatur verfälscht werden),

Alk = übermäßig **Alk**ohol spät abends oder in der Nacht getrunken (**sp** und **Alk** am obigen 7. Tag erklärt die zu hohe Messung).

4. Zur Messung genügt ein gewöhnliches Fieberthermometer. Es muß stets dasselbe Thermometer verwendet und auch stets die gleiche Art des Messens angewendet werden (siehe nächsten Punkt 5). Ein Thermometerwechsel ist in der Tabelle zu vermerken. Wenn sich verwirrende und unklare Messungen ergeben, soll – nach Ausschluß von Erkrankungen – das Thermometer überprüft werden, ob sich z. B. eine Unterbrechung in der Quecksilbersäule oder ein feiner Riß im Glas zeigt. Es dürfen nur einwandfreie Thermometer verwendet werden. Die Reinigung des Thermometers darf nicht mit heißem Wasser erfolgen, da zu große Wärme das Glasröhrchen mit dem Quecksilber sprengt (**elektr. Thermometer**; siehe S. 113).

5. **Meßwerte sollen nach Möglichkeit sofort nach dem Messen eingetragen werden** (oder immer erst nach einiger Zeit; Quecksilber sinkt etwas ab).
   a) **Die genaueste Messung ist die Messung im Mastdarm (rektale Messung)** von etwa 5 Minuten Dauer. In Seitenlage bei angezogenen Beinen läßt sich das Thermometer leicht einführen; eventuell kann das Quecksilberende durch Eintauchen in Salbe oder in ein Glas mit Wasser besser gleitfähig gemacht werden.
   b) Fast ebenso genau kann die Messung in der Scheide sein **(vaginale Messung)**. Es ist darauf zu achten, daß das Thermometer gut in die Scheide eingeführt wird und nicht herausrutscht (am besten festhalten).
   c) Möglich ist die Messung im Mund **(orale Messung)**. Das Quecksilberende des Thermometers wird immer auf derselben Seite unter die Zunge eingeführt bis in die Tiefe der Backenzähne („Wärmetasche"). Der Mund bleibt für etwa 8 Minuten geschlossen, es wird durch die Nase geatmet. **Orale Meßwerte können einige Zehntelgrade tiefer sein als rektale.**
   d) Messungen in der Achselhöhle sind unbrauchbar.

In obiger Tabelle ist links handschriftlich eingetragen, daß die Messung rektal und für gewöhnlich in der Zeit zwischen 6 und 7 Uhr morgens vorgenommen wird. Unter dem 6. Tag (**mit der Messung muß zumindest sofort nach Beendigung der Blutung begonnen werden**) ist **in der Mitte der Tagesspalte** ein dicker Meßpunkt auf der Linie für 36,8 Grad eingetragen, unter dem 7. Tag 36,9 (infolge **sp** und **Alk** meist zu hohe Werte). Benachbarte Meßwerte werden durch Linien verbunden. Ohne diese Verbindungslinien ist der Temperaturverlauf schwer zu deuten. Beim Ablesen des Thermometers kann es sein, daß das Quecksilber zwischen zwei Teilstrichen steht; dann wird der Meßpunkt in der Tabelle ebenfalls zwischen den beiden entsprechenden Temperaturlinien eingezeichnet. Unter dem 8. Tag ist der Meßpunkt zwischen 36,6 und 36,7 Grad eingetragen.

Am 5. und 6. Tag ist das Zeichen **X** eingetragen (Zeichen für einen vollen ehelichen Verkehr). In der Temperaturtabelle ist links in gleicher Höhe **X** vorgedruckt.

► Wie soll die Anfängerin vorgehen?

Die meisten Frauen dürfen Unfruchtbarkeit vom 1. Tag des Zyklus bis zum Abend des 6. Tages annehmen.

- Diese „6-Tage-Regel“ ist vor allem dann sehr verläßlich, wenn Sie Kalenderaufzeichnungen oder sogar Temperaturmessungen von zumindest 12 Zyklen haben und in dieser Übersicht kein Zyklus kürzer als 26 Tage war.
- Es kann sogar ausreichend sein, wenn Sie aus der Erinnerung sagen können, daß Ihre Menstruationen etwa alle **4 Wochen** eintreten.
- Wenn in der zumindest 12 Zyklen umfassenden Übersicht Zyklen kürzer als 26 Tage sind, dann wird vom kürzesten Zyklus die Zahl 20 abgezogen, und man erhält die Zahl der unfruchtbaren Tage ab dem 1. Tag einer **echten Menstruation** (mehr hierüber im Text zu **Tabelle 7**).
- Wenn Sie aus der Erinnerung wissen, daß Ihre Blutungen etwa alle **3 Wochen** eintreten, dann dürfen Sie zu Beginn des Zyklus keine unfruchtbaren Tage annehmen.

Das alles ist für eine Anfängerin sehr wichtig, die eine Schwangerschaft vermeiden will. Die Anfängerin darf selbst bei längeren Zyklen **nur die ersten 6 Tage als un**fruchtbar annehmen. **Die dicke**

Linie zwischen 6. und 7. Tag soll diese Grenze angeben. Überraschende Schwangerschaften treten bei der Anfängerin immer wieder dann ein, wenn nach dem 6. Tag unfruchtbare Tage angenommen werden, bzw. wenn bei Zyklen **kürzer als 26 Tage** die o. a. Regel „minus 20" nicht eingehalten wird. **Die Verläßlichkeit der 6-Tage-Regel ist im Kapitel „Anmerkungen zu Verläßlichkeit und Terminologie" beschrieben (ab Seite 99).**

Was kann man tun, wenn man Nachtdienst hat?

Vergleichbare Temperaturwerte kann man auch dann erhalten, wenn man die Temperatur täglich stets zur gleichen Uhrzeit untertags oder am Abend mißt. Vorher soll man sich sitzend oder liegend für etwa eine Stunde entspannt haben, oder man nimmt die Messung nach der längsten Schlafenszeit während des Tages vor, solange eben diese Schichtarbeit andauert. In der Tabelle wird täglich die Uhrzeit des Messens angegeben, die Arbeitszeit und auch der Wechsel zu einer anderen Schichtarbeit. Zusammen mit der Beobachtung des noch zu beschreibenden Zervixschleims erhält man verwertbare Zyklusaufzeichnungen.

Wichtige weitere Eintragungen

Alle Erkrankungen, auch leichte Verkühlungen, sind anzumerken, da sie zu einem Temperaturanstieg führen, durch den man sich nicht täuschen lassen darf. Bei jeder Temperaturerhöhung, die nicht zum Ablauf des Zyklus paßt, soll nach einer Erklärung gesucht werden. Es kann z. B. auch eine starke Aufregung oder seelische Erschütterung höhere Temperaturwerte verursachen. Die gleichzeitig durchzuführende Zervixschleimbeobachtung (siehe später) gibt einen zusätzlichen Schutz, daß derartige Temperaturerhöhungen nicht fehlgedeutet werden. Reisen, Klimaveränderungen, Urlaub, Kuraufenthalt, Krankenhausaufenthalt und Operationen (auch Zahnextraktionen) müssen eingetragen werden. Sie können die Erklärung für eine eventuelle Änderung des Zyklusverlaufes sein, der jedoch bei Anwendung bestimmter Regeln immer auswertbar ist! (siehe auch Aufzählung im **Anhang A** S. 112/113).

Tabelle 3: Zervixschleim an den fruchtbaren Tagen

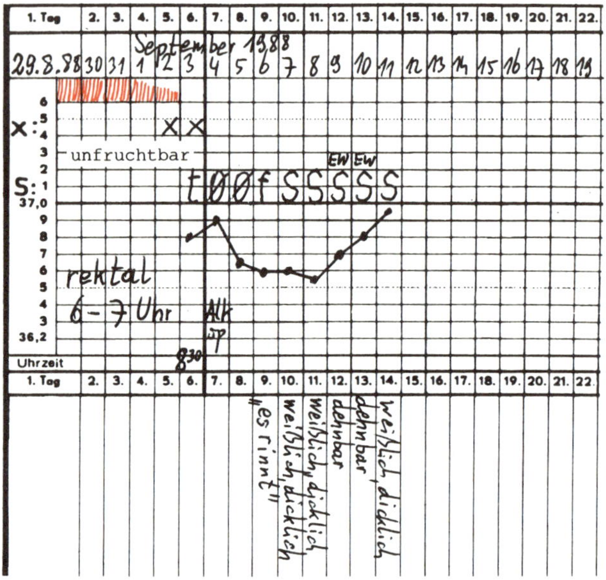

Das wichtigste Zeichen der fruchtbaren Tage ist ein vorübergehend vermehrter Abgang einer schleimigen Flüssigkeit aus der Scheide.

Dies ist das Zeichen **S**: Schleim, Zervixschleim, der aus dem Halsteil der Gebärmutter (Zervix, siehe Abb. 4 S. 52) an den fruchtbaren Tagen vermehrt abgesondert wird.

An jedem Tag, an dem **S** zur Beobachtung kommt, wird der Großbuchstabe **S** auf der dicken Linie für 37 Grad eingetragen. (**S** ist ganz links in dieser Höhe vorgedruckt; Sie werden bald sehen, daß diese Art der Eintragung von besonderer Bedeutung ist).

Weitere Zeichen auf der dicken Linie für 37 Grad:

t = äußerliche Empfindung „trocken",

Ø = „nichts gespürt, nichts gesehen",

t und **Ø** (mögliche äußerliche Empfindungen) sind im Text zu **Tabelle 1.1** näher beschrieben (S. 15). Wenn Sie hinsichtlich **t** und **Ø** noch unsicher sind, **dann lassen Sie diese Eintragung weg** und versuchen Sie, nur **S** einzutragen, sobald sich dieses bemerkbar macht.

Eine Untersuchung der Weltgesundheitsorganisation in fünf Ländern ergab, daß bis zu 99,5 % der Frauen imstande sind, **S** im ersten beobachteten Zyklus wahrzunehmen, wenn ihnen die notwendigen Informationen eindringlich wiederholt angeboten werden. Die besten Ergebnisse wurden bei Frauen in Entwicklungsländern erzielt[42].

Frauen in einem westlichen Land werden die Hinweise im **Anhang B** (ab S. 114) besonders beachten müssen.

*I. Wie kann man das Zeichen **S** beobachten?*

Viele Frauen haben schon immer an einigen Tagen im Zyklus ein vermehrtes Feuchtwerden oder den Abgang einer schleimigen Flüssigkeit verspürt. Wenn eine Frau vermehrt darauf achtet, verfeinert sich diese Empfindung; der vorübergehend vermehrte Schleimabgang wird verstärkt wahrgenommen. Eine weitere Hilfe besteht in folgendem:

Jede Frau sucht mehrmals täglich die Toilette auf und verwendet zum abschließenden Reinigen Toilettenpapier. Zum Beobachten des Zeichens **S** ist wenig saugfähiges, eher farbloses Papier von minderer Qualität besser als hochwertiges, weiches. Der Anfängerin ist zu raten, daß sie sich **bei jedem Aufsuchen der Toilette** vor **und** nach dem Pressen zum Urinieren oder Stuhlgang abtupft (einmal und nur **von vorne nach hinten** wischen!).

■ **Wenn man das Papier ansieht, kann man an den entsprechenden Tagen den am Papier haftenden Schleim sehen.**

Die ganze Beobachtung dauert nur wenige Sekunden!

Indem man das Papier zusammenlegt und wieder auseinanderfaltet, kann man prüfen, ob die schleimige Absonderung **ausziehbar, dehnbar** („spinnbar") ist. Das ist das wichtigste Unterscheidungsmerkmal für jene Frauen, die über einen ständigen Ausfluß klagen. Dieser hat ein anderes Aussehen, vor allem ist er meistens nicht ausziehbar, nicht dehnbar. Dadurch wird **S** auch innerhalb eines ständig vorhandenen Ausflusses erkennbar (im **Anhang B** finden Sie Hinweise, wie ein Ausfluß beseitigt werden könnte). **Das Zeichen S wird am Scheidenausgang beobachtet**, wo sich sein Aussehen von einemTag zum anderen ändern kann. **Wichtig:** Finger nicht in die Scheide einführen! Das Innere der Scheide kann immer feucht sein und dann die Anfängerin verwirren. ◀

Der Arzt kann den Zervixschleim am äußeren Muttermund entnehmen und auf ein Glasplättchen (Objektträger) aufbringen. Ein zweites Glasplättchen wird darauf gedrückt und dann zieht man die beiden Objektträger auseinander. Dasselbe kann man auch mit Toilettenpapier machen.

Abb. 1a

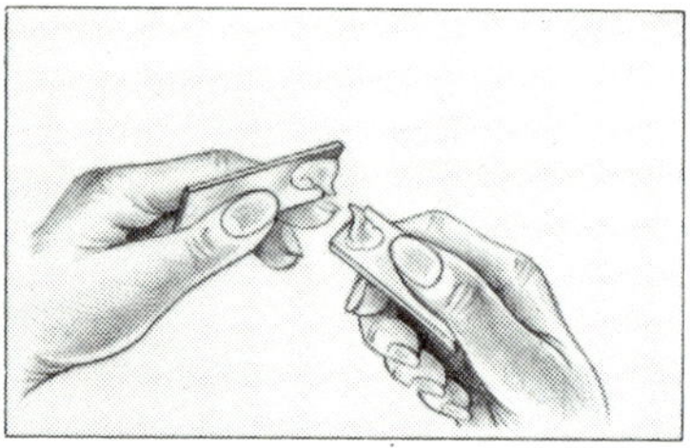

Abb. 1a zeigt einen weißlichen Schleim, der zäh und nur wenig dehnbar ist und nach kurzem Auseinanderziehen abreißt (vgl. Hilfen zur Beschreibung S. 25, **A. 1.**).

Diese Art des Zervixschleims ist ein **S „der weniger guten Qualität"**. Diese Art des **S** kann die persönlich beste fruchtbare Zeit für jene Frauen anzeigen, bei denen bei der äußerlichen Beobachtung keine weitere Veränderung zu einem **S** einer „besseren" oder **„der besten Qualität"** (S. 25/26, **B. 2.–6.**) auftritt.

Abb. 1b

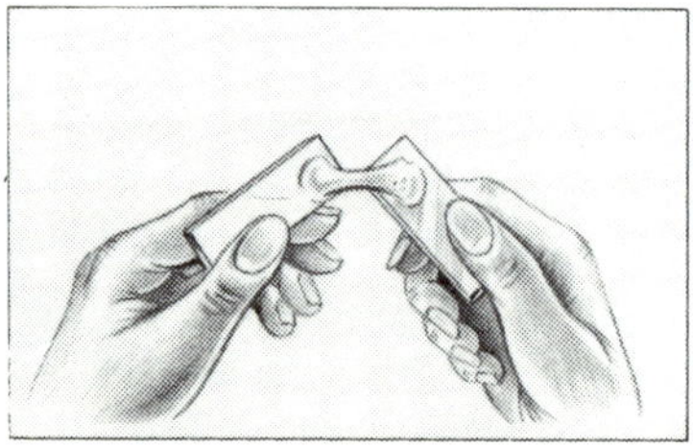

Abb. 1b zeigt ein zwar besser dehnbares **S**, das meist nicht klar, sondern z.B. eher trüb oder milchig ist. Meistens wird dieses **S** noch zum **S „der weniger guten Qualität"** zu rechnen sein (es sei denn, es zeigen sich auch glasige Fäden, was einen Übergang zu **Abb. 1c** bedeuten würde). Wiederum kann diese Art des **S** die persönlich beste fruchtbare Zeit für jene Frauen anzeigen, bei denen bei der äußerlichen Beobachtung keine weitere Veränderung zu einem **S „der besten Qualität"** auftritt.

Abb. 1c

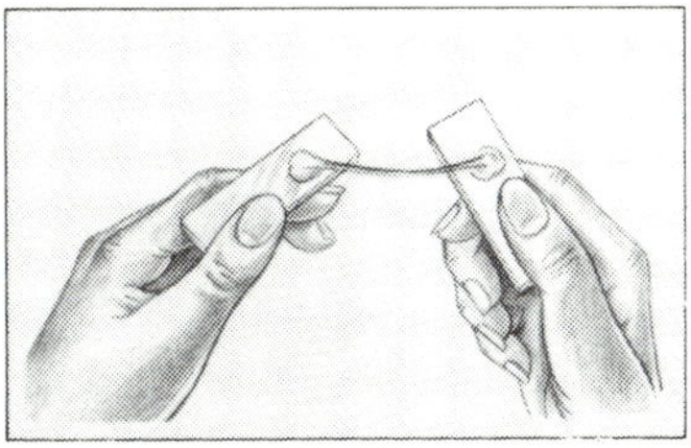

Abb. 1c zeigt einen dehnbaren und glasklaren Schleim („Spinnbarkeit des Zervixschleims", dehnbar bis 10 cm und mehr, vgl. S. 25/26, **B. 2.**).

II. Wie kann das Zeichen ***S*** *bei der Selbstbeobachtung aussehen?*

Zu Beginn des Zyklus kommt nach **t** oder **Ø**, bzw. **f**, zuerst meist:

A. S der weniger fruchtbaren Tage, das meint „Qualität weniger gut" (Eintreten einer Schwangerschaft ist aber möglich. **Warnung:** es gibt keinen Schleim von „unfruchtbarem Typ"!):

1. Mögliche Beschreibungen sind z. B.:
Weißlich, dicklich, trüb, milchig, dick-gelb, klumpig, cremig, klebrig zäh. Wenn irgendeine dieser Beschreibungen zutrifft, dann tragen Sie den Buchstaben **S** ein. **Wichtig:** In der Tabelle ganz unten möchten Sie mit eigenen Worten **S kurz beschreiben** (meist genügen hierfür ein oder zwei Eigenschaftswörter, siehe **Tab. 3**, 10. und 11. Tag, dann wieder 14. Tag.
Im Verlauf der zunehmenden Erfahrung ziehen es manche Frauen vor, oberhalb von **S** ein Symbol für den von ihnen beobachteten Schleim zu setzen. Im **Anhang C** (ab S. 117) sind Beispiele angeführt (siehe auch **Tab. 8.2**). Im Ablauf des Zyklus kommt nach dem **S** der „weniger guten Qualität" meistens (aber nicht immer):

B. S der besonders fruchtbaren Tage („beste Qualität")

Mögliche Beschreibungen von Erscheinungsformen des **S**, die eine besonders fruchtbare Zeit anzeigen können:

2. **Wird in der besonders fruchtbaren Zeit stärker ausziehbar** („in Fäden ausziehbar", „dehnbar") = „fadenziehend", „spinnbar"; kann ganz klar werden.
3. **Kann aussehen wie Eiweiß des rohen Eies** (nicht des gekochten Eies): „Eiklar", „Eiweiß-Schleim".
4. **Glasig-durchscheinend:** „wie Gelee", „glasklar".
5. **„Eiweiß-Schleim"** oder **„glasiger Schleim"** kann klar oder weißlich trüb sein (mit glasigen Fäden durchsetzt). Er kann auch eine geringe oder stärkere Blutbeimengung haben (rosa, rot, rotbraun) oder einen **zart gelblichen** Farbton. Es kann sogar eine starke Blutung damit verbunden sein, **sog. „Ovulationsblutung"** (Unterschied zwischen verschiedenen Blutungen siehe **Tabelle 7**; Ovulationsblutung **Tabelle 8.4**).
6. **Der Schleim der besonders fruchtbaren Zeit kann derart dünnflüssig werden, daß er einfach wegrinnt wie Wasser** („Wasserfall"). Eine Dehnbarkeit kann nicht geprüft werden, **da am Papier kein Schleim zu sehen ist**. Das kann Verwirrung auslösen, da man einen sichtbaren Schleim am Papier erwartet.
   Wenn der Schleim derart dünnflüssig wird, kann die **Empfindung einer ausgesprochenen Nässe**, verbunden mit **„weich"** oder **„glatt"** am Scheideneingang, die **wichtigste Beobachtung** sein **(„naß", „schlüpfrig", „glitschig" „naß und schlüpfrig"):** Das bedeutet besten Schleim, obwohl man den Schleim nicht sehen kann. **Überhaupt kann die Empfindung wichtiger werden als das, was man sieht!**

Die besonders fruchtbare Zeit kann sich bereits dadurch anzeigen, daß beim Abtupfen mit dem Toilettenpapier das Papier infolge der **glatten Nässe** leicht darübergleitet („schlüpfrig", „glitschig").

Wenn S eine besonders fruchtbare Zeit anzeigt (Ziffern 2 bis 6) – selbst wenn dies **nur einmal am Tag** sein sollte –, **muß dies in der Tabelle eigens angemerkt werden:**

■ Oberhalb des **S** wird z.B. noch **EW** („Eiweiß") oder **gl** („glasig") eingetragen, je nachdem welche Bezeichnung von der betreffenden Frau für einen bestimmten Tag vorgezogen wird. Die flüssige Beschaffenheit wird mit **fl** oberhalb **S** oder mit **ns** („naß/schlüpfrig") eingetragen, manche Frauen tragen ganz unten „Wasserfall" ein.

Tragen Sie bitte auch alle Empfindungen, die Sie wahrnehmen können, in der Tabelle ganz unten ein! Für manche Frau ist allein die Empfindung **„naß"** am Scheideneingang, meist verbunden mit

„weich“, „glatt“ „schlüpfrig“, das Zeichen der besonders fruchtbaren Zeit, **ohne daß sie S sehen kann**!

- Davon zu unterscheiden ist **f**, wie in **Tabelle 1.1** beschrieben, dem eine Wahrnehmung **im Inneren der Scheide** zugrundeliegt.
- Vor und nach dem **S** der besonders furchtbaren Tage kommen meist andere Formen des **S** zur Beobachtung (wie weiter oben als **S der weniger fruchtbaren Tage beschrieben**):

Es ist sehr wichtig, daß auch S des weniger fruchtbaren Typs an jedem Tag eingetragen wird, selbst wenn es nur einmal am Tag beobachtet werden kann.

Alle Formen von S und die Beobachtung f werden als „Zeichen der Fruchtbarkeit“ zusammengefaßt.

Wenn Sie nur die verkürzte und vereinfachte Form der Natürlichen Empfängnisregelung anstreben, wie sie in der Tabelle 8 angegeben ist, müssen Sie die feineren Unterschiede der Zeichen der Fruchtbarkeit zu Beginn des Zyklus nicht eigens beachten.

Überlegen Sie aber trotzdem:

In der Zeit nach der Geburt eines Kindes und in den Wechseljahren wird eine Auslegung der Beobachtungen sehr oft nur dann möglich, wenn man aus eigener Erfahrung um die oben angeführten Unterschiede der „Zeichen der Fruchtbarkeit“ weiß (oder die Untersuchung des Muttermundes durchführt, S. 82).

Bevor die Selbstuntersuchung des äußeren Muttermundes versucht wird, sollten Sie herausfinden, ob die empfindungsmäßige Wahrnehmung von f (siehe Tabelle 1.1) möglich ist. Das wäre die einfachste Bestimmung des frühestmöglichen Beginns der fruchtbaren Tage (siehe auch Text zu **Tabelle 7**). Dann können Sie zusätzlich die Untersuchung des Muttermundes vornehmen, welche die bereits wahrgenommene Empfindung von **f** nicht stören muß (vgl. dazu S. 82).

Tabelle 4: Anstieg der Aufwachtemperatur

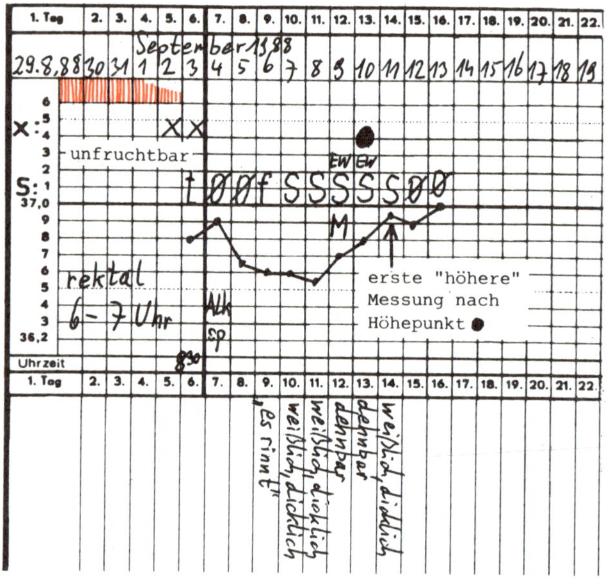

Gegen Ende des Zeichens S oder einige Tage danach steigt die Aufwachtemperatur für gewöhnlich an.

Ein **Mittelschmerz** wird mit **M** eingetragen (12. Tag). Es kann dies ein stechender oder krampfartiger Schmerz im Unterbauch sein, oder ein Kreuzschmerz, kurzdauernd oder einige Tage anhaltend. Vielleicht kann manche Frau an ihren fruchtbaren Tagen ein ganz persönliches Zeichen entdecken, wenn sie vermehrt darauf achtet.

S und **M** geben einen Hinweis auf die fruchtbaren Tage. **Es ist aber nicht möglich, den „Tag des Eisprungs" festzustellen.** Wir können jedoch nach den fruchtbaren Tagen die **sicher unfruchtbare Zeit** bestimmen. Dazu ist es zunächst notwendig, daß man den letzten Tag jenes **S** feststellt, das für die betreffende Frau die besten fruchtbaren Tage anzeigt. In **Tabelle 4** ist an zwei Tagen **S** zusätzlich mit **EW** gekennzeichnet („**Eiweiß-S**"), also „beste Qualität" (gibt die besten fruchtbaren Tage an). **Der letzte Tag** von **S-EW** ist hier am 13. Tag, der mit einem dicken ● oberhalb **S-EW** gekennzeichnet wird. **Der letzte Tag** jenes **S**, das im laufenden Zyklus die beste fruchtbare Zeit angibt **(nicht die größte Menge)**, heißt **Höhe-**

punkt (= ●, „Schleim-Höhepunkt"). Der Name „Schleim-Höhepunkt" ist in manchen Fällen nicht ganz zutreffend, wenn es sich um den letzten Tag irgendeines „Zeichens der Fruchtbarkeit" handelt (siehe später). **Nach einem Höhepunkt ● mit EW** kann ein **S** von „weniger guter Qualität" auftreten.

Wenn eine Frau kein **S** der „besten Qualität" beobachten kann, dann gibt **S** der „weniger guten Qualität" noch die relativ beste fruchtbare Zeit an, und **der letzte Tag** dieses **S** wird als **Höhepunkt ●** eingetragen (s. Tab. 17, S. 70).

Erst **nach dem letzten Tag** des (relativ) „besten" Schleims darf ein Ansteigen der Temperatur ausgewertet werden. Messungen dürfen erst dann als **„höher"** gewertet werden, wenn sie **nach dem Höhepunkt ●** liegen; hier z.B. ist die **1. „höhere" Messung am 14. Tag (Pfeil)**. Nach dem **Höhepunkt ● mit EW** kann ein **S** von „weniger guter Qualität" auftreten. Sobald 3 „höhere" Messungen hintereinander vorliegen, läßt sich folgendes sagen:

- **Die fruchtbare Zeit liegt innerhalb der 6 bis 7 vorausgegangenen niedrigeren Messungen sowie in der 1. und 2. „höheren" Messung**, sehr selten noch am Morgen der 3. „höheren" Messung.
- **Der günstigste Zeitpunkt für eine Empfängnis liegt am Ende des S der besonders fruchtbaren Tage, bzw. knapp danach**, oder knapp vor dem Temperaturanstieg und in der 1. „höheren Messung" (wichtig bei Kinderwunsch)*.
- **Ab dem Abend der 3. „höheren" Messung ist eine Empfängnis nicht mehr möglich**, wenn bestimmte Auswertungsregeln erfüllt sind (siehe **Tabelle 5**).

* **Verhalten bei Kinderwunsch**
Wenn trotz monatelangem Bemühen, normalem Zyklusverlauf und normalem Spermienbefund des Mannes eine Schwangerschaft nicht eintritt, soll man ab Beginn des Zyklus bis gegen Ende des **S** der besonders fruchtbaren Tage keinen ehelichen Verkehr haben. Dadurch wird eine bestmögliche Konzentration der Samenzellen erreicht. Zu häufiger Verkehr ist bei Kinderwunsch nicht immer zielführend. Wenn der Spermienbefund des Mannes schlecht sein sollte, dann möge man zur besten fruchtbaren Zeit an einem Tag zweimal Verkehr haben. Das erscheint fast paradox zu sein, ist aber durch die praktische Erfahrung bestätigt. Wenn die Frau spürt, daß sie sofort Samenflüssigkeit verliert, möge sie ein Kissen unter das Gesäß legen (für etwa 20 Minuten).

Tabelle 5: Sicher unfruchtbare Tage

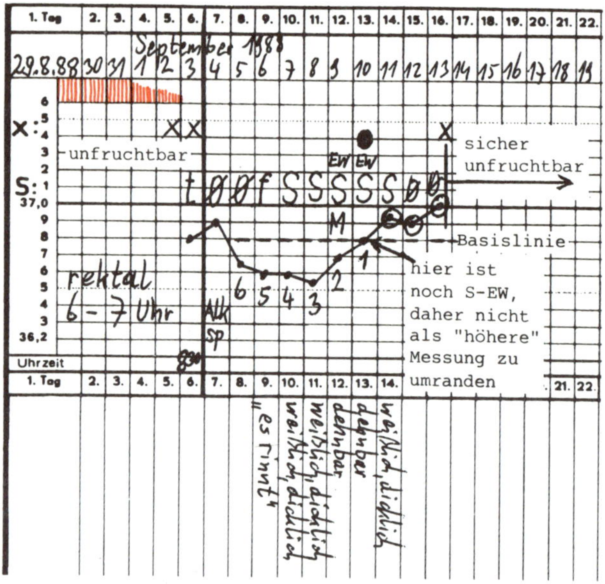

Die sicher unfruchtbare Zeit nach erfolgtem Anstieg der Aufwachtemperatur:

- **Nach dem Schleim-Höhepunkt • sucht man 3 „höhere" Messungen hinereinander, die „höher" sind als die höchste der 6 vorausgegangenen Messungen.**

Die 3 „höheren" Messungen werden mit einem kleinen Kreis („Kringel") umrandet, die 6 niedrigeren Messungen mit den Ziffern 1 bis 6 zurücknumeriert. Aus **Tabelle 5** kann ersehen werden, daß die umrandeten „höheren" Messungen **nicht ständig ansteigen müssen**. Es kann eine nachfolgende „höhere" Messung wieder etwas niedriger sein als die vorausgegangene „höhere" Messung (im obigen Beispiel ist die Messung am 15. Tag niedriger als am 14. Tag). Maßgebend ist, daß **jede Messung – für sich allein betrachtet – „höher"** ist als jede einzelne der 6 niedrigeren Messungen.

Als 1. „höhere" Messung darf eine Messung bereits dann umrandet werden, wenn sie die Hälfte von 0,1° Celsius höher ist als der höchste Meßpunkt der 6 tieferen Messungen. Es kann eine Hilfe sein, wenn man **durch den höchsten Meßpunkt** der 6 tieferen Messungen eine Hilfslinie zieht (**Basislinie:** in **Tabelle 5** strichlierte Linie).

Ab dem Abend der 3. „höheren" und umrandeten Messung liegt eine sicher unfruchtbare Zeit vor, wenn

1. **die 3 „höheren" Messungen nach dem Höhepunkt ● liegen, und wenn**
2. **die 3. „höhere" Messung mindestens 0,2° Celsius höher ist als die höchste Messung der 6 niedrigeren Werte.**

Wenn diese Bedingung nicht erfüllt wird, dann geben die Tabellen 8.1, 8.2, 8.3 und 8.4 und 9 weitere Hinweise.

In der obigen Tabelle liegt die 3. umrandete „höhere" Messung genau 0,2° Celsius höher als der höchste Meßpunkt der 6 niedrigeren Messungen, was besonders leicht mit Hilfe der strichlierten **Basislinie** zu ersehen ist.

Damit die Anfängerin keinen Fehler macht, kann sie 4 „höhere" Messungen abwarten, bis sie sich in der Auswertung sicher fühlt. Die Feststellung der sicher unfruchtbaren Zeit nach den notwendigen 3 „höheren" Messungen ist an sich ab dem ersten beobachteten Zyklus möglich.

Das Zeichen **X** (ehelicher Verkehr) ist in **Tabelle 5** am Abend der 3. „höheren" Messung eingetragen (**X** steht im rechten Teil der Tagesspalte; Eintragung im linken Teil der Tagesspalte bedeutet ehelichen Verkehr am Morgen).

Bei der Festlegung der absolut unfruchtbaren Zeit wird nichts über den „Tag des Eisprungs" ausgesagt, da er sich nicht bestimmen läßt. Anleitungen, die irgendeinen Tag der Temperatur oder des **S** als „Tag des Eisprungs" bezeichnen, sind irreführend und immer wieder die Ursache für überraschende Schwangerschaften.

Wenn man kein Zeichen S beobachten kann, muß man auf jeden Fall 4 höhere Messungen abwarten, die höher sind als die 6 vorausgegangenen Messungen. Für jemanden, der ein Zeichen **S** hat, es jedoch nicht einträgt, können sogar 4 höhere Messungen **nicht ausreichend** sein.

Warnung: Frauen, die S haben, sich aber weigern S zu beobachten und einzutragen, können nicht beraten werden, da es bei einer alleinigen Temperaturmethode zu überraschenden Schwangerschaften kommen kann.

Der Zyklus endet mit dem Absinken der Aufwachtemperatur, bzw. mit dem letzten blutungsfreien Tag vor der nunmehr zu erwartenden Menstruation (siehe nächste Tab. 6).

Tabelle 6: Aufwachtemperatur bis zur nächsten Menstruation

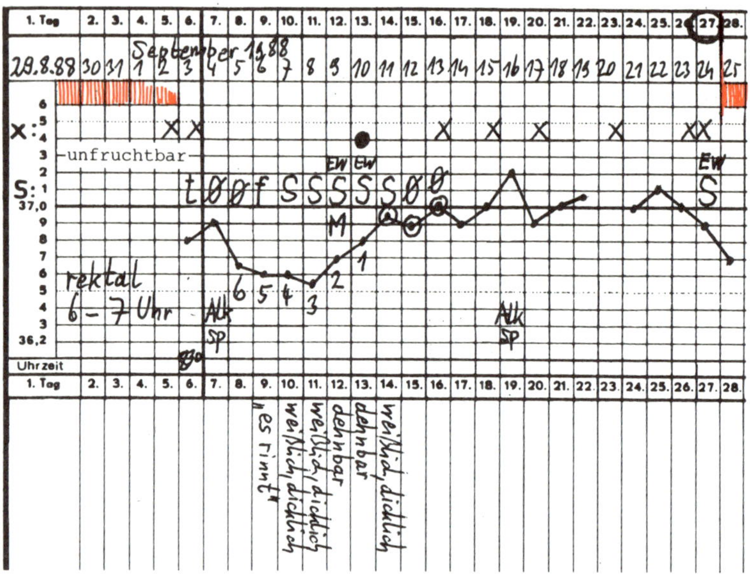

Wenn an einem Tag die Messung unterbleibt, wird auch keine Verbindungslinie zwischen den hier auseinanderliegenden Meßpunkten gezeichnet (siehe 23. Tag, der freigelassen ist). Bevor die Menstruation einsetzt, sinkt die Aufwachtemperatur für gewöhnlich ab. Vor dem Beginn der eigentlichen Regelblutung kann manchmal etwas Schleim aus der Gebärmutter abgehen, der ähnlich aussieht wie Zervixschleim und sogar die Beschaffenheit von z. B. **S-EW** annehmen kann (in obiger Tabelle am 27. Tag). Auch inmitten der Temperaturhochlage kann manchmal ein Ausfluß auftreten, der ähnlich wie **S** aussieht. Das ist bedeutungslos.

Vor Einsetzen der Menstruation können manche Frauen leichte Vorblutungen oder einen bräunlichen Abgang haben. Für die meisten Frauen ist dies nicht als 1. Tag der Regelblutung anzusehen, wenn sich die Temperatur noch auf der Hochlage befindet. Wenn Sie die Vorblutungen beunruhigen, können Sie Ihren Frauenarzt fragen, ob eine Behandlung notwendig ist. Für gewöhnlich kann man das

Ende des Zyklus auch am Absinken der Temperatur erkennen. Wenn die Menstruation in der üblichen Stärke deutlich einsetzt, ist dies auf jeden Fall der 1. Tag des neuen Zyklus, selbst wenn die Temperatur noch immer auf Hochlage sein sollte. Manche Frauen neigen dazu, daß die Temperatur erst im Verlauf der Menstruation absinkt.

Der Tag des Einsetzens der nächsten Menstruation (das Kästchen unter dem betreffenden Tag wird rot angezeichnet!) ist zugleich der **1. Tag des nächsten Zyklus und wird unter dem gedruckten 1. Tag der nächsten Tabelle eingetragen** (siehe **Tabelle 7**).

Die rote Trennlinie vor dem Einsetzen der Menstruation zeigt das Ende des Zyklus an: vor der roten Trennlinie ist hier der 27. Tag dick umrandet, was angeben soll, daß hier ein 27-Tage-Zyklus vorliegt.

Falls einmal – sehr selten – nach dem Absinken der Temperatur eine Blutung nicht eintreten sollte, ist der Beginn eines neuen Zyklus mit fruchtbaren Tagen anzunehmen (vergleiche auch Seite 41, 3. Absatz von unten).

Sobald die Menstruation eintritt, kann angenommen werden, daß der Eisprung (S. 51, Abb. 3) höchstwahrscheinlich **etwa 12 bis 16 Tage vor der Menstruation** erfolgt ist. Wer nachträglich die möglichen Tage der Ovulation (des Eisprungs) zu Kontrollzwecken mit dem **Höhepunkt ●** vergleichen will, kann von der Regelblutung ausgehend mit Rotstift zurücknumerieren, wie es in den folgenden **Tabellen 7 und 8** vorgenommen ist. Unter dem 12. bis 16. zurücknumerierten Tag werden kleine rote Kreise eingezeichnet, um die möglichen Tage der Ovulation anzudeuten.

Der letzte Tag des besten S in dem betreffenden Zyklus ist der Höhepunkt ● (nicht der Tag mit der größten Menge). Der Eisprung kann bis zu drei Tage vor und drei Tage nach dem **Höhepunkt ●** eintreten. Wenn man Temperaturwerte als Bezugspunkte nimmt, dann kann der Eisprung bis zu vier Tage vor dem Temperaturanstieg gelegen sein, er kann aber auch erst in der ersten und zweiten „höheren" Messung erfolgen.

Wichtige Wiederholung:

Lassen Sie sich nie einen bestimmten Zyklustag als „Tag des Eisprungs" einreden. Sonst kann es zu überraschenden Schwangerschaften kommen!

Tabelle 7: Schwankungsform des Zyklus und unfruchtbare Tage zu Beginn des Zyklus

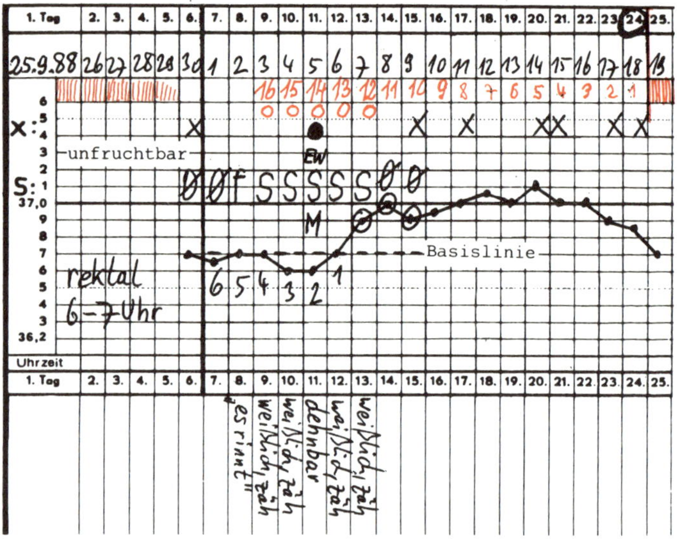

Die einzelnen Regelmonate (Zyklen) haben selbst bei ein und derselben Frau verschiedene Längen **(Schwankungsform des Zyklus):** in Tabelle 6 ein 27-Tage-, im darauffolgenden Regelmonat **(Tabelle 7)** ein 24-Tage-Zyklus.

Beachten Sie bitte, daß die **Rücknumerierung 1 bis 6** der niedrigen Messungen **von der 1. umrandeten höheren Messung aus** vorzunehmen ist, und nichts mit dem **Höhepunkt ●** zu tun hat. Es kann nur zufällig so sein, daß die Ziffer **1** unter dem **Höhepunkt ●** zu stehen kommt. Es hat sich praktisch bewährt und schützt vor Irrtum, wenn man die **Rücknumerierung von 1 bis 6 sofort vornimmt, sobald die 1. höhere Messung umrandet ist.**

Die drei höheren Messungen müssen nicht unbedingt sofort nach dem **Höhepunkt ●** liegen, es kann auch zu einem verzögerten Temperaturanstieg kommen (siehe **Tabelle 11**). Man muß eben unbedingt zuwarten, bis die 3 oder 4 höheren Messungen nach unseren Regeln feststehen, **wenn man eine sicher unfruchtbare Zeit bestimmen will.**

In **Tabelle 7** ist die 3. umrandete Messung 0,2° Celsius höher als die höchste der 6 tiefen Messungen. Somit besteht eine **sicher unfruchtbare Zeit ab dem Abend des 15. Tages.** Mit Hilfe der Basislinie (strichlierte Linie) ist leicht zu erkennen, daß die 3. umrandete Messung 0,2° Celsius über der Basislinie liegt (Regel ist erfüllt: siehe Text zu **Tabelle 5**). Die rote Rücknumerierung von 1 bis 16 ist im Text zu **Tabelle 6** erklärt. Diese Rücknumerierung wird von Frauen gerne zu Kontrollzwecken gemacht, muß aber nicht vorgenommen werden.

Können in einem derart kurzen Zyklus die ersten 6 Tage unfruchtbar sein?

Wenn sich in einem kurzen Zyklus, wie im obigen 24-Tage-Zyklus ein Temperaturverlauf findet, bei dem die zurücknumerierten 6 niedrigeren Messungen nicht in den 6. Tag oder einen früheren Tag des Zyklus hineinreichen, dann können sich die ersten 6 Zyklustage im nachhinein als unfruchtbar erweisen (siehe auch weiter unten), aber nur unter folgenden Voraussetzungen:

1. Am 6. Tag oder früher dürfen **keine Zeichen der Fruchtbarkeit zu beobachten sein** (= **S** oder **f**, S. 27).
2. Bei der Eintragung unter dem **1. Tag muß es sich um eine echte Menstruation handeln.**
   Eine echte Menstruation erkennt man daran, daß sich vor ihrem Einsetzen eine Temperaturhochlage befindet (ist für diese Frau aus Tabelle 6 zu ersehen). Die Blutung gilt auch dann als echte Menstruation, wenn die vorausgegangene Hochlage verkürzt war. Es ist nur notwendig, daß die 3 oder 4 umrandeten höheren Messungen nach den im Text zu **Tabelle 5** angeführten Auswertungsregeln vorliegen. Die Hochlage kann sogar **extrem verkürzt** sein, was insbesondere in den Reifejahren **beim Mädchen, nach Entbindungen** und **in den Wechseljahren** vorkommen kann.

Wenn sich **vor einer Blutung keine Temperaturhochlage** feststellen ließ, dann dürfen selbst während der Blutung keine unfruchtbaren Tage angenommen werden. Es könnte sein, daß im Zusammenhang mit einer derartigen Blutung oder bald danach ein Eisprung eintritt. Das ist von besonderer Bedeutung in der Zeit **nach einer Entbindung** und **in den Wechseljahren** (**Tabelle 8.4** und **17**).

Unfruchtbare Tage zu Beginn des Zyklus

Die Wahrscheinlichkeit, daß ehelicher Verkehr am 6. Tag oder früher zu einer Schwangerschaft führt, liegt bei weniger als **1 Schwangerschaft** auf **6000 Zyklen** (von uns ausgezählt[29, S. 370]). Wenn man diese Zahl auf den **Pearl-Index** umrechnet (siehe S. 100), dann ist der Pearl-Index kleiner als 0,2 (Verläßlichkeit mehr als 99,8 %).

Dieses Ergebnis ist besser als manche Ergebnisse der „Pille“. Schwangerschaften vom 6. Tag oder früher sind bei kurzen Zyklen mit folgender Eigenart möglich:

- Zeichen der Fruchtbarkeit, insbesondere **S-EW**, treten unmittelbar nach der Menstruation, z. B. bereits am 6., 5. oder 4. Zyklustag auf (sehr selten!) und/oder
- die 6 zurücknumerierten niedrigeren Messungen reichen in den 6. oder in einen noch früheren Tag hinein. Das ist ein Hinweis, daß vom 6. Tag her oder früher eine Schwangerschaft entstehen könnte.

Meist haben kurze Zyklen auch eine verkürzte Temperaturhochlage, so daß man aus dem Bild des gesamten Zyklus mit der Lage von **S** ersehen kann, ob die ersten 6 Tage noch unfruchtbar sind (z. B. in dem 22-Tage-Zyklus von **Tabelle 13**). Wenn am 6. Tag ein Zeichen der Fruchtbarkeit, z. B. **f** oder **S** auftreten sollte, muß der 6. Tag als fruchtbar angesehen werden (vergleiche **Tabelle 12**: die betreffende Frau nimmt wegen der Eigenart ihrer kürzesten 21-Tage-Zyklen keine unfruchtbaren Tage zu Beginn des Zyklus an, da bei ihr immer wieder am 5. und 6. Tag **S-EW** auftreten kann).

Unter welchen Voraussetzungen die **Anfängerin** Unfruchtbarkeit bis einschließlich 6. Tag des Zyklus annehmen darf, wurde bereits besprochen (siehe Text zu **Tab. 2**). Zur Bestimmung von weiteren unfruchtbaren Tagen zu Beginn des Zyklus sind verschiedene Regeln entwickelt worden. Zunächst muß man die **Aufzeichnungen von zumindest 12 Zyklen** haben. Je mehr Zyklen vorliegen, um so verläßlicher wird die betreffende Regel. Man darf daher nicht nur die 12 letzten Zyklen zur Beurteilung heranziehen, sondern alle vorliegenden Zyklen. Wenn z. B. eine früheste 1. höhere Messung (siehe nächster Absatz) einmal vor Jahren zur Beobachtung gekommen sein sollte, kann es ohne weiteres sein, daß sie in Zukunft wieder einmal eintritt.

1. Beachten Sie zunächst folgende sehr wichtige Regel, die wir als „modifizierte Döring-Regel“ bezeichnen:

■ Sobald **zumindest 12 Zyklen** mit Temperaturmessung und Beobachtung von **S** vorliegen, sieht man alle Zyklen durch, an welchem Tag des Zyklus die **frühest eingetretene 1. umrandete höhere Messung** liegt.

Bei **Tabelle 4** wurde erwähnt, daß die fruchtbare Zeit in der 6. bis 7. vorausgegangenen niedrigen Messung beginnen kann. Prof. Döring[5,6], München, ging deshalb von der frühest eingetretenen 1. höheren Messung aus. Vom Tag dieser Messung werden 6 Tage zurücknumeriert und eine Grenzlinie gezogen. Döring sah die Tage zu Beginn des Zyklus bis zur Grenzlinie als unfruchtbar an. Diese Regel zeigte sehr gute Ergebnisse. Allerdings können, wenn auch sehr selten, Schwangerschaften selbst 7 Tage vor der 1. höheren Messung eintreten. Deshalb verwenden wir eine „modifizierte Döring-Regel“: **vom Tag der frühest eingetretenen 1. höheren Messung werden 7 Tage zurücknumeriert:**

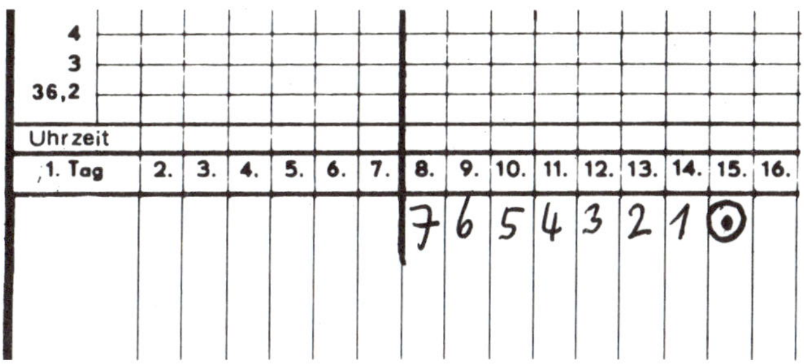

Im obigen Beispiel war die früheste 1. höhere Messung aus einer Serie von zumindest 12 vorausgegangenen Zyklen am 15. Tag. Unterhalb des 15. Tages der Temperaturtabelle wird daher das Symbol für die 1. umrandete höhere Messung eingetragen: **ein umrandeter Punkt**. Davor finden sich die Ziffern 1 bis 7. Die Zahl 7 steht am 8. Tag. Vor dem 8. Tag ist ein dicker Strich gezogen (**Grenzlinie**), der angibt, daß bis 7. Tag einschließlich eine unfruchtbare Zeit vorliegt, allerdings **nur dann, wenn am Tag oder an den Tagen vor der Grenzlinie keine Zeichen der Fruchtbarkeit vorhanden sind, z. B. f** oder **S.** Zeichen der Fruchtbarkeit geben an, daß die fruchtbaren Tage auch bereits vor der Grenzlinie beginnen können.

Ausnahme von 7 Tagen Zurücknumerierung:

- Wenn die früheste 1. höhere Messung **am 13. Tag oder früher** liegt, werden **nur 6 Tage zurücknumeriert:**

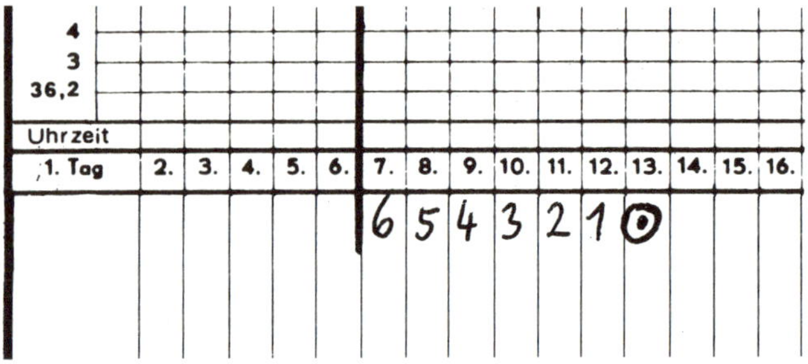

Kurze Zyklen haben die Eigenart, daß die fruchtbare Zeit kürzer ist und ein Zurücknumerieren von 7 Tagen nicht notwendig erscheint. Das hat sich in der Praxis bisher sehr bewährt. Wer grundsätzlich 7 Tage zurücknumerieren will, kann dies selbstverständlich tun.

2. Rechenregel „kürzester Zyklus weniger 20":

Wenn eine Übersicht über zumindest 12 Zyklen ergibt, daß der kürzeste Zyklus z. B. 27 Tage beträgt, kann man die **Rechenregel „kürzester Zyklus weniger 20"** anwenden. 27 weniger 20 ergibt 7: zu Beginn des Zyklus darf daher der 7. Tag als letzter unfruchtbarer ► Tag angenommen werden (**nicht bei einer Anfängerin**) – unter der Voraussetzung, daß nicht bereits vorher Zeichen der Fruchtbarkeit auftreten (siehe oben).

Diese Regel ist eine große Hilfe für die Anfängerin, die wenigstens Kalenderaufzeichnungen über das Eintreten der Blutungen hat; sie kann feststellen, ob sie die ersten 6 Zyklustage als unfruchtbar annehmen darf (vergleiche unbedingt S. 20). Diese Regel ist auch wichtig für Frauen, die nur lückenhaft Temperatur messen und daher nicht verläßlich sagen können, an welchem Tag die frühest eingetretene 1. umrandete höhere Messung liegt. Für die erfahrene Frau, die ihre früheste 1. höhere Messung stets verläßlich bestimmt, hat die „20er-Regel" keine Bedeutung, da die **modifizierte Döring-Regel (abgekürzt MDR) immer Vorrang** hat.

Die „20er-Regel" ist für die meisten Frauen zu streng und gibt meist zu viele fruchtbare Tage an. Mit Hilfe der **MDR** gewinnt man meistens mehr unfruchtbare Tage.

3. „Auseinandersetzung“ mit der „6-Tage-Regel“

Wenn auf Grund der **MDR** zu Beginn des Zyklus mehr als 6 Tage unfruchtbar sind, wird die Verläßlichkeit der **„6-Tage-Regel“** erhöht. Wenn man dann nur die ersten 6 Tage als unfruchtbar annimmt, kann deren Verläßlichkeit zur Vermeidung einer Empfängnis 99,9 % erreichen, nähert sich also 100 %; das ist verläßlicher als „Pille“ oder operative Sterilisation. **Jedoch:** es müssen fruchtbare Tage angenommen werden, falls Zeichen der Fruchtbarkeit am 6. Tag oder früher auftreten sollten. **Merksatz: zu Beginn des Zyklus gibt es keine 100%ige Verläßlichkeit (S. 99).**

4. Die sogenannte „Feinbeobachtung“:

Die „Feinbeobachtung“ f ist bei Tabelle 1.1. beschrieben: f meint eine Empfindung **im Inneren der Scheide.** In anderen Büchern wird eine äußerliche Empfindung am Scheidenausgang mit f beschrieben. Das möge bitte beachtet werden. Für uns ist f das erste Zeichen einer möglichen Fruchtbarkeit.

Die bisherige Erfahrung zeigt, daß die Tage vor der Empfindung von f von der erfahrenen Frau als unfruchtbar angesehen werden dürfen. Die Verläßlichkeit ist als sehr hoch einzustufen. **Die Mithilfe vieler Frauen könnte mehr über die Verläßlichkeit dieser Empfindung aussagen.**

Vor einer gewünschten Schwangerschaft sollte jede Frau zumindest ein Jahr lang testen, ob bei ihr alle Tage zu Beginn des Zyklus bis zum Auftreten von f unfruchtbar sind. Wichtig ist die eigene Erfahrung, ob die eigenen Beobachtungen richtig sind; dann werden diese auch in der Zeit nach einer Entbindung verläßlich sein.

5. Die Selbstuntersuchung des Muttermundes:

Die Muttermunduntersuchung ist bei **Tabelle 19** erklärt. Sie kann insbesondere zu Beginn des Zyklus die genaueste Abgrenzung der unfruchtbaren Tage und das beste Eingrenzen der fruchtbaren Tage ermöglichen. Sie kann für Frauen hilfreich sein, welche die **„Feinbeobachtung“** als Empfindung von f nicht haben; sie kann auch gegebenenfalls mit der Empfindung von f kombiniert werden.

Tabelle 8: Abgekürztes und vereinfachtes Verfahren

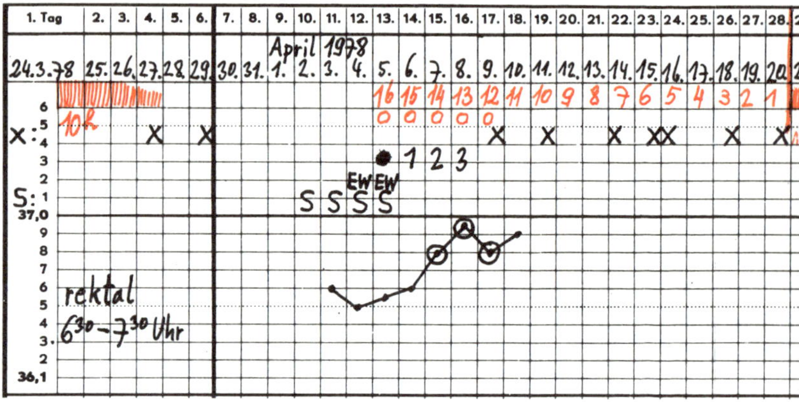

Wenn nur **die ersten 6 Tage** als unfruchtbar angenommen werden – falls dies Ihre Zyklen zulassen – und ehelicher Verkehr erst **in der sicher unfruchtbaren Zeit (Tab. 5)** wieder aufgenommen wird, sind vereinfachte Aufzeichnungen möglich.

- **Etwa ab Beginn des Zeichens S wird mit dem Messen der Aufwachtemperatur begonnen.**
- **Messen Sie so lange, bis 4 „höhere" Messungen nach dem Höhepunkt ● feststehen.** Wenn weniger als 6 niedrigere Messungen vorliegen, müssen **deutlich** „höhere" Messungen vorhanden sein. Oder: Sie wissen, wo Ihre **übliche Temperaturhochlage** ist. An Hand aller bisher beobachteten Zyklen stellen Sie fest, **ab welcher Höhe Meßpunkte bei Ihnen zur Hochlage gehören** (bei derselben Meßart und ähnlicher Meßzeit). Das kann sehr wichtig werden **in der Stillzeit** und **in den Wechseljahren** (in denen aber kein abgekürztes Verfahren geübt werden sollte!). – Wenn die Temperatur nicht ansteigt, unbedingt weitermessen und weiterhin eine möglicherweise fruchtbare Zeit annehmen!
- **Etwa** 10 – 15 Tage **nach dem Höhepunkt ●** oder 10 – 14 Tage **nach der 1. „höheren" Messung** soll die Regelblutung eintreten. – **Wenn sie nicht eintritt, sind sofort Kontrollmessungen vorzunehmen!**

Wenn eine Frau vielleicht jahrelang erlebt hat, daß mit überraschender Regelmäßigkeit **etwa zwei Wochen nach dem Höhepunkt** • die Menstruation einsetzt, ist es für sie schwer vorstellbar, daß es auch einmal anders kommen kann. Sollte die Regelblutung einmal nicht zum erwarteten Termin eintreten, können sich bei **Kontrollmessungen** folgende Möglichkeiten ergeben:

- **Die Temperatur ist auf der Hochlage und man findet mehr als 18 Tage, an denen sie auf der Hochlage gewesen sein muß.** Es liegt mit sehr großer Wahrscheinlichkeit eine **Schwangerschaft** vor. **Diese könnte aber nur dann eingetreten sein, wenn Sie entweder die Anwendungsregeln nicht eingehalten oder in der fruchtbaren Zeit empfängnisverhütende Maßnahmen angewendet haben (siehe Tab. 12 und S. 101).** Nach dem Eintreten der Schwangerschaft bleibt die Temperatur auf der **Hochlage**. Temperaturmessungen weiterführen, bis etwa 30 Messungen auf der **Hochlage** vorliegen (siehe **Tabelle 15**).
- Es findet sich eine niedrige Temperaturlage oder die Temperatur wird zusehends niedriger – was anzeigt, daß **keine Schwangerschaft** vorliegt. Ehelicher Verkehr ist sofort zu unterlassen und man muß auf das neuerliche Auftreten von **S** mit anschließendem Temperaturanstieg warten. – Was kann hier abgelaufen sein? Es gibt die äußerst seltene Möglichkeit – geradezu eine Rarität –, daß nach dem Ende der Hochlage keine Menstruation eintritt. Es kommt nur zu einem Absinken der Temperatur und es beginnt ein neuer Zyklus.

Wenn die Menstruation zum erwarteten Zeitpunkt ausbleibt, wird meist sofort eine Schwangerschaft angenommen. Man meint dann, daß ohnehin alles gleichgültig sei, und hat weiterhin uneingeschränkt ehelichen Verkehr. Es kann dann sein, daß erst dadurch die Schwangerschaft entsteht. **Aus diesem Grunde sind die erwähnten Kontrollmessungen sehr wichtig!!**

Wichtig: kein abgekürztes und vereinfachtes Verfahren in den Wechseljahren!! (Siehe S. 76)

Tabelle 8.1, 8.2, 8.3: Sonderfälle

(zu Tabelle 5, S. 30)

Erster Sonderfall: Wenn die 3. „höhere Messung die notwendige Temperaturhöhe nicht erreicht, ist eine **4. „höhere“ Messung** abzuwarten. Diese muß dann nicht mehr unbedingt um mindestens 0,2° höher sein, sondern sie muß nur irgendwie höher sein als der höchste Meßpunkt der **Tieflage (strichlierte Basislinie), also der 6 Messungen, die unmittelbar vor dem Anstieg der Temperatur liegen**, wie in nachfolgender **Tabelle 8.1** dargestellt:

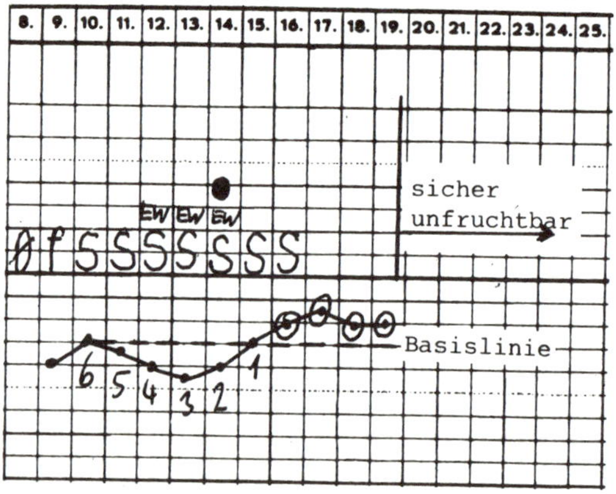

Zeichenerklärung:
Ø = „nichts gespürt, nichts gesehen“
f = **Empfindungen im Inneren der Scheide (Tabelle 1.1)**
S = nicht näher beschrieben, „Qualität weniger gut“ **(Tabelle 3)**
EW = **S** ist ähnlich wie Eiweiß des rohen Eies

Zweiter Sonderfall: Innerhalb der 3 „höheren Messungen nach dem **Höhepunkt •** darf **eine Messung** (nur eine!) auf die Basislinie oder darunter **abfallen**; diese hinuntergefallene Messung wird **nicht umrandet**, wie auf der folgenden **Tabelle 8.2 „Absinken der Temperatur für einen Tag“** zu ersehen ist:

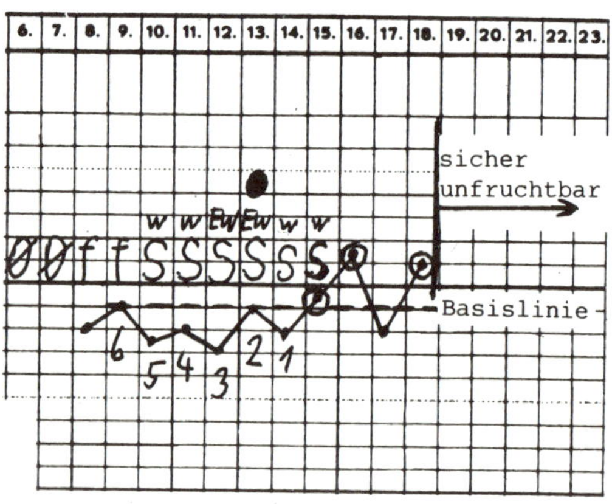

Zeichenerklärung:
Ø = „nichts gespürt, nichts gesehen“
f = **Empfindungen im Inneren der Scheide (Tabelle 1.1)**
w = S ist z. B. weißlich-dicklich
EW = **S** ist ähnlich wie Eiweiß des rohen Eies

Tabelle 8.3: Temperaturzacken vor dem eigentlichen Temperaturanstieg

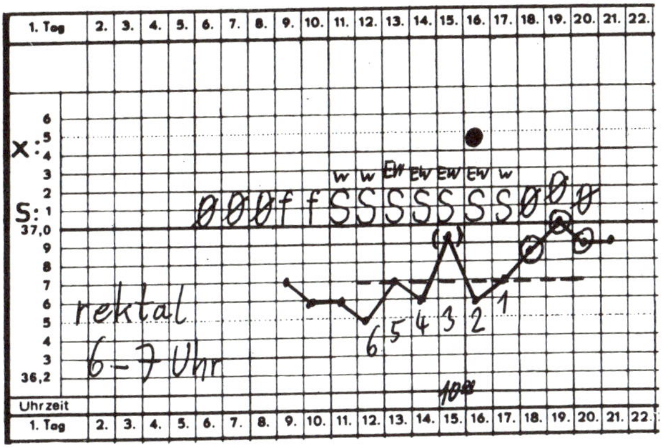

Temperaturzacken nach oben oder eine vorübergehende Hochlage, die aufgrund eines störenden Ereignisses erklärt werden können (z.B. ein Tag mit späterer Meßzeit – siehe obige **Tabelle 8.3** –, einige Tage „Erkältung", „Reise", „Aufregung" usw.: siehe auch die Aufzählung im **Anhang A**, S. 113) sollen in **Klammer** gesetzt werden (hier am 15. Tag). Wenn nur ein Meßwert gestört ist, hat dies keinen Einfluß auf die Rücknumerierung 1 bis 6. Die durch eine Störung erklärte Temperaturzacke wird bei der Beurteilung der niedrigeren Messungen vernachlässigt, beeinflußt also nicht die strichliert eingezeichnete **Basislinie**.

Wenn mehrere Messungen gestört sind, dann kann man sich mit der **Basislinie** an noch früher im Zyklus befindlichen Meßpunkten der Tieflage orientieren.

Ergänzende Bemerkungen zu üblichen Fachausdrücken:

Ein Zyklus mit Tieflage und Hochlage der Temperatur heißt **biphasischer Zyklus**; man sollte dazu nicht **„ovulatorischer" Zyklus** sagen, da ein Temperaturanstieg kein Beweis für eine Ovulation ist (S. 54). Wenn sich nur eine Tieflage zeigt und dann eine Blutung eintritt, wird oft der Ausdruck **monophasischer Zyklus** (nur **eine** Temperaturphase) gebraucht. Meist liegt aber eine **Zwischenblutung** vor (siehe **Tabelle 8.4**). Man sollte zu einem monophasischen Verlauf nicht **„anovulatorischer" Zyklus** sagen.

Tabelle 8.4: Zwischenblutung

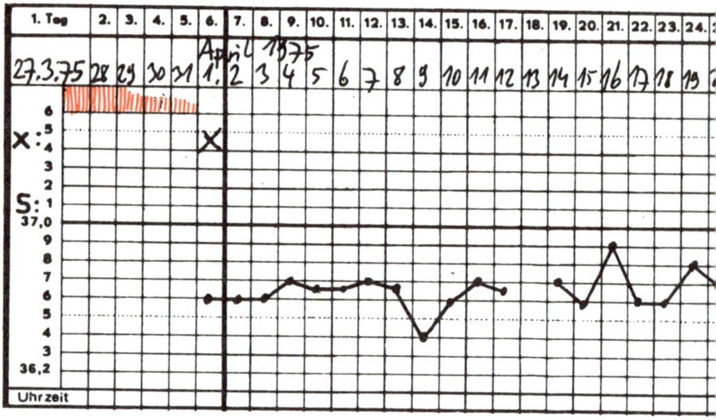

Eine **echte Menstruation** ist nur dann gegeben, wenn vor der Blutung eine Hochlage der Temperatur ausgebildet ist (**Tabelle** 7, S. 35). Wenn keine Hochlage vorhanden ist und in der Tieflage eine Blutung eintritt (wie in obiger **Tabelle 8.4** am 27. Tag), ist dies eine **Zwischenblutung**.

Alle Tage einer Zwischenblutung sind möglicherweise fruchtbar! Die Zwischenblutung kann Schleim verdecken, und es kann in einer Zwischenblutung zum Eintreten einer Schwangerschaft kommen („Ovulationsblutung").

In obiger **Tabelle 8.4** ist vor der am 27. Tag einsetzenden Blutung keine Hochlage. Eine Blutung am 27. Tag könnte sehr leicht für eine Menstruation gehalten werden, wenn keine Temperaturmessungen vorliegen. Manche Behauptungen, daß eine Frau in der Menstruation schwanger geworden sei, können auf diese Weise geklärt werden. Wenn Sie eine derartige Behauptung hören, sollten Sie nachfragen, ob die Temperatur gemessen wurde.

Zwei Tage nach dem Ende obiger Zwischenblutung erfolgt ein Temperaturanstieg. Wenn sich im Anschluß an eine Zwischenblutung kein **S** zeigt, ist der **letzte Tag der Zwischenblutung** wie ein **Höhepunkt ●** zu werten (wie in **Tab. 17**, S. 70). Manchmal geht die Zwischenblutung in ein **S** über. Die rote Rücknumerierung zeigt, daß diese Zwischenblutung an möglichen Eisprungtagen eintrat.

Die obige Aufzeichnung aus dem Jahr 1975 stammt von einer

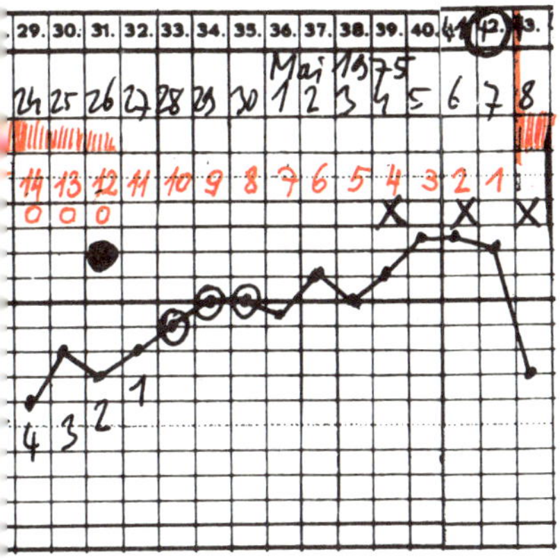

20jährigen Frau, welche leider die Beobachtung des **S** unterlassen hat. Zwischenblutungen sind in den Altersgruppen, welche die besten fruchtbaren Jahre einer Frau umfassen, selten; sie sind eher beim jungen Mädchen in den Reifejahren zu erwarten, sowie in der Zeit nach einer Entbindung und in den Wechseljahren.

Hier soll noch ein Wort zu den **„Zyklen" beim Mädchen in den Reifejahren** gesagt werden (vgl. auch S. 50, 54). Es können jahrelang Blutungen in sehr unregelmäßigen Abständen auftreten, von etwa 2–3 Wochen Abstand angefangen bis über 100 Tage Abstand. Eine Temperaturhochlage kann oft fehlen oder stark verkürzt sein. Eine Behandlung ist meist nicht notwendig, da diese Unregelmäßigkeiten nach einigen Jahren von selbst verschwinden. Es ist im allgemeinen nicht ratsam, deswegen sofort eine Hormonbehandlung durchzuführen. Mädchen werden ihre „Zyklen" besser verstehen, wenn sie versuchen, zumindest Aufzeichnungen der Beobachtung des Zervixschleims zu machen. Vor allem von Müttern, die seit vielen Jahren mit unserem Beratungsdienst zusammenarbeiten, erhalte ich laufend Aufzeichnungen ihrer Töchter, zum Teil sogar mit Eintragung von Temperatur und Zervixschleim. Die bisher jüngste „Teilnehmerin", die eine Temperaturkurve führte, war 9 Jahre alt. Einige Wochen nach Beginn der Temperaturmessung trat bei diesem Mädchen die erste Blutung ein.

Wenn Mütter ihre Tabellen irgendwo in der Wohnung offen liegen lassen, werden die Töchter neugierig, was die Mutti macht. Das bietet dann eine gute Gelegenheit, mit den Mädchen über die Möglichkeit der Selbstbeobachtung zu sprechen. Eine ganze Reihe von Müttern besprachen diese Dinge mit ihren Töchtern bereits vor Eintreten der ersten Regelblutung. In diesen Altersgruppen kann schon in bestimmten zeitlichen Abständen der Abgang einer Art von Zervixschleim („weißlicher Ausfluß") beobachtet werden.

Der Regelmonat (Zyklus)

Für die einzelne Frau ist der Eintritt der Regelblutung (Menstruation) das auffälligste Ereignis im Verlaufe des Regelmonats. Das wichtigste Ereignis im Regelmonat ist jedoch zweifellos **der Eisprung (Ovulation)**.

Jeder der beiden Eierstöcke einer jungen Frau enthält Tausende von Eiern. Jedes Ei ist zunächst von einer einfachen Zellage umhüllt. Es sind dies die Follikel, die in diesem Stadium Primärfollikel heißen (siehe Abb. 2). Sie sind winzige Gebilde, da jedes Ei nur einen Durchmesser von weniger als 1/5 mm hat, also von der Größe einer Nadelspitze ist und mit freiem Auge gerade noch gesehen werden könnte. Das Ei ist übrigens die größte Zelle des menschlichen Körpers.

Bevor das Ei aus dem Follikel freigegeben werden kann, muß ein Wachstumsprozeß vieler Follikel einsetzen. Es kommt zunächst zu einer Flüssigkeitseinlagerung in die Follikel (Bläschenfollikel, „Eibläschen"), wobei das Ei in der Wand der Follikel im vorspringenden Eihügel eingelagert ist. Die Bläschenfollikel werden größer, bis einer davon zum sprungreifen Follikel wird, der einen Durchmesser um 20 mm (2 cm) erreicht. Im Vergleich zum winzigen Primärfollikel bedeutet dies ein immenses Wachstum. Erst jetzt kann ein **Follikelsprung** (**Eisprung** – präziser gesagt **„Eibläschensprung"**, Ovulation) erfolgen. Vgl. zu diesem Vorgang die Abb. 2 auf der folgenden Seite!

Die Follikelreifungsphase

Zu Beginn des Zyklus wird von der Hirnanhangdrüse (Hypophyse) vermehrt das Steuerhormon FSH (**F**ollikel-**S**timulierendes-**H**ormon) ausgeschüttet, das zu einem Wachstum der Follikel führt. Es kommt zu einer Wachstumsphase, zur Follikelreifungsphase, die zum Eisprung führen soll. Aus praktischen Gründen zählen wir die Tage dieser Phase beginnend mit dem 1. Tag der Menstruation.

Die Follikelreifungsphase ist

1. **verschieden lang bei verschiedenen Frauen,**
2. **verschieden lang in verschiedenen Zyklen bei ein- und derselben Frau.**

Abb. 2: Eierstock
Als Voraussetzung für das mögliche Eintreten einer Ovulation muß es zuerst zu einem Follikelwachstum bis zum sprungreifen Follikel (Graaf'scher Follikel) kommen.

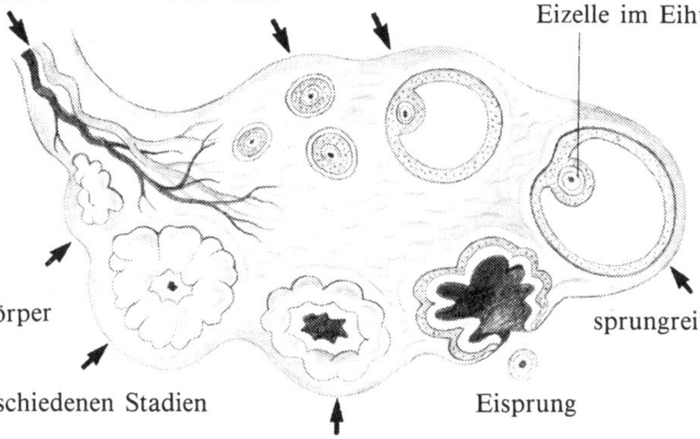

In der Abb. 3 (S. 51) ist das graphisch zum Ausdruck gebracht. Kurze Follikelreifungsphasen bedingen kurze Zyklen, bei denen der Ovulationstermin sehr früh im Zyklus liegt. Lange Follikelreifungsphasen führen zu langen Zyklen, bei denen der Eisprungtermin sozusagen „verspätet" auftritt. **Es ist höchste Zeit, mit dem Märchen des angeblich einzig normalen 28-Tage-Zyklus aufzuräumen, bei dem der Eisprung „immer am 14. Tag" gelegen sein soll.**

Der Beginn der möglicherweise fruchtbaren Zeit

Es sei hier gleich vorweg gesagt, daß wir den **Tag der Ovulation** mit den uns zur Verfügung stehenden Mitteln nicht bestimmen können. Eine Frau kann jedoch an Hand von persönlichen Beobachtungen den **Beginn der fruchtbaren Tage** erkennen. Sobald nämlich wachsende Bläschenfollikel vorhanden sind, von denen einer zum sprungreifen Follikel werden soll, kommt es zur vermehrten Bildung bestimmter weiblicher Hormone, und zwar der Östrogene. Wenn der Östrogenspiegel im Blut ansteigt, bewirkt dies eine vermehrte Schleimproduktion im Halsteil der Gebärmutter, in der

Zervix (siehe Abb. 4). Jener Teil der Zervix, der etwas in die Scheide hineinragt, heißt „äußerer Muttermund" (Portio). **Sobald es nun zu einer vermehrten Zervixschleimproduktion kommt, zeigt dies an, daß die betreffende Frau in eine mögliche Eisprungphase eingetreten ist.**

Außerhalb der erkennbaren Ovulationsphase ist ein Follikelsprung auf Grund des Fehlens eines sprungreifen Follikels nicht möglich. Die Zervixschleimproduktion zeigt außerdem an, daß nunmehr die Samenzellen (Spermien) ihre Befruchtungsfähigkeit im Körper der Frau für einige Tage behalten und auf die Ovulation warten können (mehr darüber S. 55).

Wann kommt es zur Ovulation?

Immer wieder werden Frauen durch Behauptungen verunsichert, daß ehelicher Verkehr oder eine heftige sexuelle Erregung jederzeit einen Eisprung hervorrufen könnten; dies wäre eine sogenannte **provozierte Ovulation**. Beim Menschen kommt diese Form der Ovulation jedoch nicht vor. Es gibt sie nur bei bestimmten Tieren, z.B. beim Kaninchen. In der gesamten Fachliteratur findet sich kein einziger bewiesener Fall einer provozierten Ovulation beim Menschen. Es liegen Zehntausende kontrollierter Zyklen vor, in denen nie ein Hinweis auf eine provozierte Ovulation gefunden werden konnte. An den als absolut unfruchtbar festgestellten Tagen ist nie eine Schwangerschaft eingetreten. Ich ersuche jene Frauen, die in dieser Hinsicht von irgendeinem Arzt verunsichert worden sind, mir zu schreiben.

Beim Menschen gibt es nur jene Form der Ovulation, die, eigenen Gesetzen folgend, nach verschieden langer Follikelreifungsphase von selbst eintritt. Der richtige Name für diese Art der Ovulation ist **Spontanovulation**. Diese erfolgt von selbst, spontan. Eigenartigerweise werden diese Begriffe oft verwechselt, bzw. falsch gebraucht, wenn man z.B. fragt, ob es die „durch ehelichen Verkehr hervorgerufene Spontanovulation" gäbe. Damit ist die provozierte, induzierte oder artefizielle Ovulation gemeint, die beim Menschen nicht vorkommt.

Wenn die Östrogene im Blut einen gewissen Gipfel erreicht haben und wieder rasch absinken, ist das meist ein Hinweis dafür (es ist aber kein Beweis!), daß ein sprungreifer Follikel knapp vor dem Platzen steht. Üblicherweise kommt es dann durch das Steuerhormon **LH** (**L**uteinisierendes **H**ormon), ausgesendet von der Hirnanhangdrüse (Hypophyse), zum Platzen des Follikels und zur Freigabe des Eies (Abb. 2). Es kann aber auch vorkommen, daß trotz aller äußerer Anzeichen und Symptome, die für eine Ovulationsphase sprechen, ein Eisprung nicht stattfindet.

Wenn zwei oder mehrere Follikel fast gleichzeitig Sprungreife erlangen und dadurch zwei oder mehr Eier freigegeben werden sollen (Entstehung von zweieiigen Zwillingen usw.), dann ereignet sich dies innerhalb derselben Ovulationsphase, also innerhalb derselben Phase des beobachtbaren Zervixschleimes.

Der Gelbkörper

Wie neueste Untersuchungserbnisse zeigen, produziert bereits der sprungreife Follikel in geringem Ausmaß das **Gelbkörperhormon Progesteron**. Der eigentliche Gelbkörper wird dann in der weiteren Folge aus der Wand des Follikels aufgebaut, meist aus der Wand des gesprungenen Follikels, bisweilen aber auch aus der Wand eines nicht geplatzten Follikels. In diesem Falle ergibt sich die eigenartige Situation, daß keine Ovulation erfolgt ist, es aber dennoch zur Ausbildung eines Gelbkörpers gekommen ist. Der Name „Gelbkörper“ kommt daher, weil durch Einlagerung eines Farbstoffes dieses Gebilde eine gelbe Farbe annimmt.

Der Gelbkörper produziert nicht nur das Gelbkörperhormon Progesteron, sondern neuerlich eine gewisse Menge Östrogene. Beide Hormone gemeinsam verhindern eine weitere Ovulation in der Gelbkörperphase des Zyklus. In dieser Phase des Zyklus ist noch nie eine Schwangerschaft auf Grund einer zweiten oder weiteren Ovulation beobachtet worden. **Sobald die Gelbkörperphase ausgebildet ist, liegt eine absolut unfruchtbare Zeit vor.** Die vom Gelbkörper produzierten Hormone sollen vor allem die Schleimhaut der Gebärmutter zur Aufnahme eines befruchteten Eies geeignet machen. Wenn ein befruchtetes Ei nicht vorhanden ist, stellt der Gelbkörper nach etwa zwei Wochen seine Funktion wieder ein. Daraufhin kommt es zum Einsetzen der Menstruation.

Der Ablauf des Zyklus

Der Ablauf eines normalen Zyklus kann aus Abb. 3 (S. 51) ersehen werden. Der zeitliche Abstand vom 1. Tag der Menstruation bis zum möglichen Ovulationstermin weist beträchtliche Unterschiede auf. Der Abstand von der Ovulation bis zur nächsten Menstruation ist nicht derart großen Schwankungen unterworfen, weswegen man von der **relativen Konstanz der Gelbkörperphase** spricht (etwa 12 bis 16 Tage). Wenn dieser Abstand jedoch weniger als 11 Tage beträgt, liegt höchstwahrscheinlich ein unfruchtbarer Zyklus vor. Die fehlerhafte Steuerung in einem derartigen Zyklus kann bereits in der Follikelreifungsphase gelegen sein. Es könnte kein Follikelsprung erfolgt sein, sondern es wäre möglich, daß sich in der Follikelwand ein Gelbkörper entwickelt hat, der allerdings nicht genügend lang funktioniert. So wäre es erklärlich, daß die nächste Menstruation früher einsetzt. Mit dem Auftreten von verkürzten Gelbkörperphasen auf dieser Grundlage ist vor allem in den Reifejahren zu rechnen, auch in der Zeit nach einer Entbindung und in den Wechseljahren.

Hinter einer verkürzten Gelbkörperphase kann sich auch etwas anderes verbergen. Obwohl eine normale Ovulation erfolgt, stellt der Gelbkörper seine Tätigkeit vorzeitig ein, und es kommt zur nächsten Menstruation. Falls ein Ei befruchtet worden sein sollte – die Befruchtung findet im Eileiter nahe dem Eierstock statt –, kommt das Ei nach einigen Tagen Wanderung durch den Eileiter in der Gebärmutter an, während bereits eine Blutung in Gang gekommen ist. Der Gelbkörper hat dann nicht genügend lang funktioniert, um die Einbettung des befruchteten Eies zu ermöglichen. Diesen Zustand kann man behandeln und so der betreffenden Frau zur gewünschten Schwangerschaft verhelfen. Bei verkürzter Gelbkörperphase und Kinderwunsch ist also stets ein Behandlungsversuch angebracht. Aus der Erfahrung kann man sagen, daß ständige Temperaturhochlagen von weniger als 10 Tagen Dauer meist mit Unfruchtbarkeit verbunden sind. Es kommt aber auch vor, daß eine Frau, die stets weniger als 10 Tage Temperaturhochlage hat, nach einiger Zeit – manchmal erst nach Jahren und ohne Behandlung – schwanger wird.

Wenn man derartige Zyklusstörungen bei der jungen Frau findet, soll man nicht nur deren Lebensalter berücksichtigen, sondern vor allem das Alter, in dem die erste Blutung eingetreten ist. Von diesem Alter her bestimmt sich das „gynäkologische Alter" der jungen Frau, das uns einiges über den Reifezustand des Zyklusgeschehens sagen kann. Zunächst kann es sein, daß junge Mädchen beim Messen der Aufwachtemperatur keine Temperaturhochlage finden

Abb. 3: Der Ablauf des Regelmonats (Zyklus)

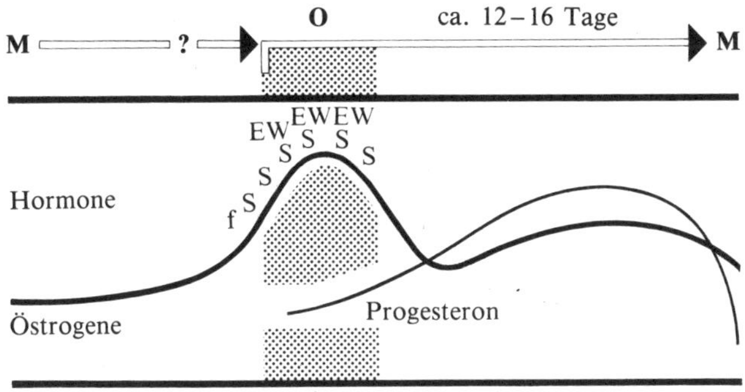

O = mögliche Tage des Eisprunges (Ovulation)
M = Menstruation (Regelblutung, Periode)

Abstand vom 1. Tag der Menstruation bis zur Ovulation kann verschieden lang sein: deshalb das Fragezeichen (?) für die verschieden lange Dauer der **Follikelreifungsphase**.

Abstand von der Ovulation bis zur nächsten Menstruation ist etwa 12 bis 16 Tage, wenn ein normaler und fruchtbarer Zyklus vorliegt: **Gelbkörperphase**. **Das Gelbkörperhormon (Progesteron)** führt zum Ansteigen der Aufwachtemperatur um die Zeit der Ovulation.

Hormonspiegel im Blut nach der Menstruation:

ansteigende **Östrogene** mit einem Gipfel knapp vor dem Ovulationstermin führen zu vermehrter Absonderung von Zervixschleim bereits einige Tage vor der Ovulation.

f = siehe **Tabelle 1.1**

S = **Zervixschleim**, wie er am Eingang zur Scheide beobachtet werden kann. Aussehen ändert sich mit dem Anstieg und dem Abfall der Östrogene.

EW = In der besonders fruchtbaren Zeit kann **S** aussehen wie **Eiweiß des rohen Eies** („durchscheinend, dehnbar, ausziehbar"). Es ist dies die häufigste Beschreibung (mehr darüber im Text zur Tabelle 3).

Je mehr eine Frau lernt, die Eigenschaften des **S** in der besonders fruchtbaren Zeit von denen in der weniger fruchtbaren Zeit zu unterscheiden, umso besser kann sie die fruchtbaren Tage eingrenzen.

Die Tabellen 1 bis 8 ab S. 12 geben Ihnen alle notwendigen Hinweise, um sofort mit der Beobachtung des Regelmonats beginnen zu können.

Abb. 4: Die Zervix (Portio, „äußerer Muttermund“) in der fruchtbaren Zeit

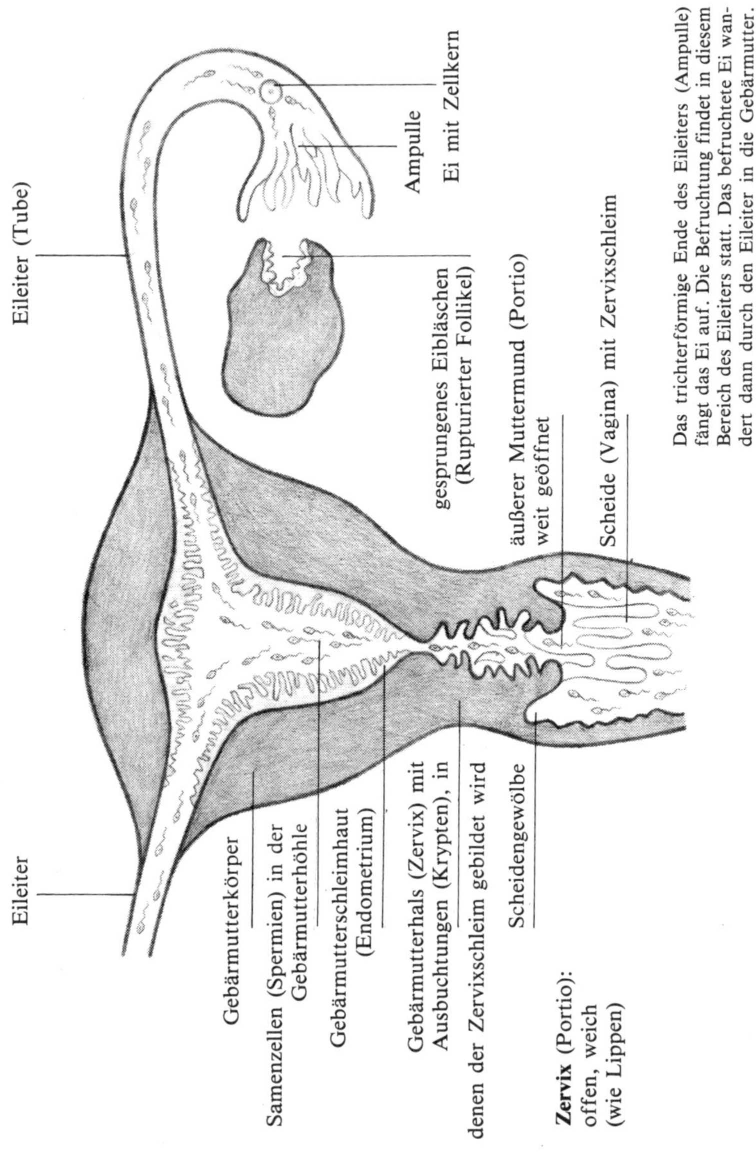

Abb. 5: Die Zervix (Portio, „äußerer Muttermund") in der unfruchtbaren Zeit

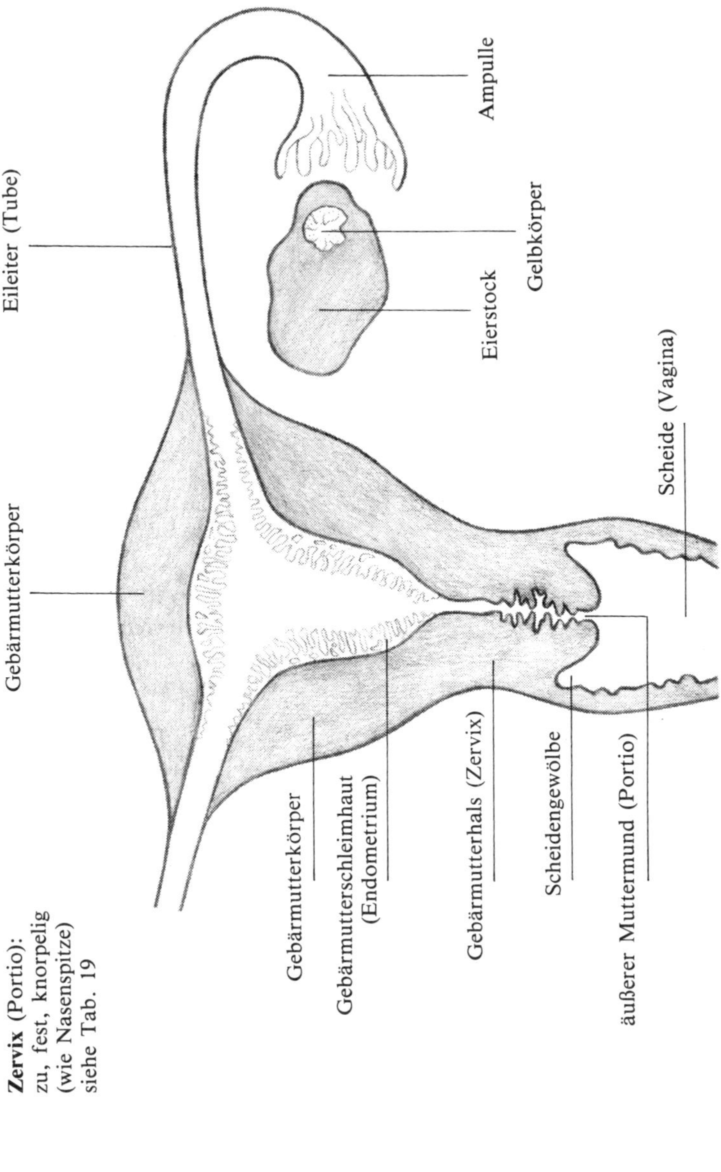

(vgl. dazu die Tab. 8.4, S. 44) und trotzdem die nächste „Blutung" eintritt. Dann können sich verkürzte Temperaturhochlagen einstellen, die für eine ungenügende Gelbkörperphase sprechen. Dabei kann es sein, daß der Zervixschleim gut beobachtbar ist, jedoch seine zeitlichen Beziehungen zum Temperaturanstieg und zur nächsten Regelblutung noch aus dem Rahmen des Normalen fallen. Gewöhnlich stellen sich erst nach Jahren normale Zyklusverhältnisse ein.

Andererseits kann es vorkommen, daß trotz normal langer Temperaturhochlage und trotz günstigem Zervixschleim die gewünschte Schwangerschaft nicht eintritt, obwohl viele Monate lang immer wieder ehelicher Verkehr an den fruchtbaren Tagen stattfindet. Das verlangt zunächst eine ärztliche Untersuchung des Mannes, da in etwa 40% der Fälle die Ursache der Kinderlosigkeit beim Mann zu suchen ist. Dann erst soll nach anderen Ursachen bei der Frau gesucht werden. Der sprungreife Follikel kann, ohne zu platzen und das Ei freizugeben, eine Umwandlung in einen Gelbkörper durchmachen (LUF = „luteinisierter unrupturierter Follikel"); die Aufzeichnungen ergeben einen normalen Zyklusverlauf. Mit Derartigem muß man auch rechnen, wenn nach einer Entbindung oder in den Wechseljahren verkürzte Temperaturhochlagen auftreten.

Das bedeutet weiterhin, daß selbst die Beobachtung einer Phase mit vermehrter Zervixschleimabsonderung kein Beweis für einen Eisprung ist. Der vermehrte Zervixschleim zeigt nur an, daß die Eierstöcke bei einem bestimmten Follikelwachstum vermehrt Östrogene bilden. Das ist jedoch kein Beweis dafür, daß ein sprungreifer Follikel tatsächlich platzt und ein befruchtungsfähiges Ei freigibt. Der Beweis für eine stattgefundene Ovulation ist nur dann erbracht, wenn entweder das Ei bei einer Operation gefunden wird oder eine Schwangerschaft eintritt.

Die Wahrscheinlichkeit, daß ehelicher Verkehr in der fruchtbaren Zeit zu Schwangerschaft führt, liegt bei weniger als 40%. Das stimmt mit der statistischen Erfahrung überein, daß ein Paar im Durchschnitt 3 Monate benötigt, bis die Frau schwanger wird.

Fragen um die Zervixschleim-Beobachtung

Die **Ovulations-Methode** nach **Dr. Billings**, Australien, der besonderen Wert auf diesen Namen legt, läßt **nur den Zervixschleim rein äußerlich** beobachten und lehnt die Temperaturmessung ab[2] (weiteres zur Geschichte S. 104).

In der von mir entwickelten Methode (siehe S. 9) wurde seit 1951 größter Wert darauf gelegt, daß der Zervixschleim zur Auswertung der Temperatur herangezogen wird. Dieses kombinierte Vorgehen wird in einem Teil der medizinischen Literatur unter die **sympto-thermalen Methoden** eingereiht (zur verschiedenen Verwendung von „sympto-thermal" siehe S. 102). Nach einer Entbindung und in den Wechseljahren kann die Beobachtung des **S** wichtiger werden als die Temperaturmessung.

In der Follikelreifungsphase zeigt **die vermehrte Absonderung des Zervixschleims** an, daß nunmehr Samenzellen (Spermien) ihre Befruchtungsfähigkeit in der Zervix für einige Tage behalten und auf die Ovulation warten können. **Wenn der verflüssigte Zervixschleim am Muttermund nicht vorhanden ist, sterben die Samenzellen im sauren Milieu der Scheide (normale Scheidenbakterien produzieren Milchsäure) in kurzer Zeit ab.** Die Spermien verlieren daher in der Scheide ihre Befruchtungsfähigkeit, bevor der Zervixschleim auftritt.

Befruchtungsfähigkeit der Spermien

Die Beantwortung der Frage, **wie lange Spermien befruchtungsfähig** bleiben können, ist daher nicht so wichtig. Sobald nämlich Zervixschleim für die Frau beobachtbar wird, muß das Ehepaar ohnehin möglicherweise fruchtbare Tage annehmen. Im allgemeinen rechnet man mit drei bis vier Tagen Befruchtungsfähigkeit der Spermien – **wenn der entsprechende Zervixschleim** vorhanden ist! Das Ei bleibt höchstens einen Tag befruchtungsfähig.

Die meisten Frauen werden im Anschluß an die Regelblutung als Empfindung angeben können: **„nichts gespürt, nichts gesehen"**. Diese Wahrnehmung von „nichts" ist nach der Lehre der **Billings-Methode** wie ein „trockener Tag" und als unfruchtbar anzusehen. **Vor einer solchen allgemeinen Annahme muß dringend gewarnt werden.** Es gibt Tage mit „nichts" – aber auch Tage mit „trocken" –, die unmittelbar in einen Tag mit **S** übergehen. Bei derartigen Beobachtungen kann man von einem Tag her, an dem „nichts" oder „trocken" eingetragen war, schwanger werden. Die **Ovulations-Methode** spricht dann gern davon, daß ungenau beobachtet worden wäre. Unsere Empfehlung lautet:

- Wer die Empfindung **f** (siehe **Tab.1.1**) nicht regelmäßig vor **S** wahrnehmen kann, soll eine möglichst genaue Beobachtung durch Abtupfen mit Toilettenpapier versuchen.
- Dies verlangt ein Abtupfen **vor und nach jedem Pressen bei jedem Aufsuchen der Toilette**. Wer nur einmal am Tag darauf vergißt, könnte das erste Auftreten von **S** übersehen, wenn es nur **einmal am Tag** auftritt.

  Besser ist es, die Wahrnehmung von **f** zu lernen!

Für den Beginn des Zyklus gibt die **Billings-Methode** (mehr über die **Ovulations-Methode** im Buch von Meier-Vismara[18]) z. B. folgende Anleitung:

- Ehelicher Verkehr soll nicht an aufeinanderfolgenden Tagen sein. Ausfließende Samenflüssigkeit könnte am darauffolgenden Tag die Beobachtung stören.

„Kegel-Muskel-Übung"

Es gibt aber eine Möglichkeit, die Samenflüssigkeit durch rhythmisches Zusammenziehen der Beckenbodenmuskulatur und durch Pressen aus der Scheide zu entfernen („Kegel-Muskel-Übung"). Wenn eine Frau auf der Toilette versucht, den Harnstrahl mit einer Anspannung des Beckenbodenmuskuls zu unterbrechen, dann hat sie nach Dr. Kegel (daher der Name) den richtigen Muskel betätigt. Man soll diesen Muskel beständig und öfter immer wieder anspannen und erschlaffen lassen, um ihn zu kräftigen.

Dr. Kegel hat diese Übung eingeführt, um jenen Frauen zu helfen, die ab einem gewissen Lebensalter Schwierigkeiten haben, den Harn zu halten („Harnträufeln"). Diese Übung ist auch eine Vorbeugung gegen die „Gebärmuttersenkung", bei der die Gebärmutter so tief nach unten wandern kann, daß der äußere Muttermund in den Scheideneingang zu liegen kommt. Eine schon bestehende leichte Gebärmuttersenkung kann dadurch sogar behoben werden. Durch rhythmisches Anspannen der gekräftigten Beckenbodenmuskulatur kann die Frau während des ehelichen Verkehrs auch leichter zum Orgasmus kommen.

Die Höhepunktsbestimmung und die Höhepunktsregel

Der letzte Tag mit jenem persönlichen S, das für die betreffende Frau die beste fruchtbare Zeit anzeigt, ist der Höhepunkt ● (siehe Text Tabelle 4, S. 28), nicht der Tag mit der größten Menge, der meist etwas früher liegt.

Bisweilen tritt in einem Zyklus oder vielleicht bei einer Frau in allen Zyklen nur ein **S** von „weniger guter Qualität" auf. Das sagt nichts über die Fruchtbarkeit der Frau aus; das ist eine persönliche Eigenart der Beobachtung. So kann auch ein **S** von „weniger guter Qualität" die beste fruchtbare Zeit einer Frau angeben, falls ein **S** der „besten Qualität" nicht vorhanden ist.

Wenn lange Phasen mit **S-EW** auftreten sollten, die auch in die Temperaturhochlage hineinreichen können und dann eine Auswertung nach **Tabelle 9** (S. 58) verlangen, könnte z.B. eine Neigung zu Verstopfung die Ursache sein (**S-EW** wird im Inneren der Scheide zurückgehalten); täglicher Stuhlgang preßt die Scheide von hinten nach vorne aus. Auch eine Streß-Situation kann zu langem **S-EW** führen.

Die **Billings-Methode** nimmt (ohne Temperaturmessung) **ab 4. Tag nach dem Höhepunkt ● Unfruchtbarkeit bis zum Einsetzen der nächsten Regelblutung** an (**„Höhepunktsregel"**).

Es liegen aber nicht immer ab dem 4. Tag nach dem **Höhepunkt ●** unfruchtbare Tage vor. Mit den Regeln der **Ovulations-Methode** ist es daher nicht möglich, im Zyklus eine Zeit zu bestimmen, die sicher unfruchtbar ist.

Im eigenen Beratungsdienst verzichten manche Frauen mit einer besonders guten Schleimbeobachtung auf die Temperaturmessung. Diese Frauen werden informiert, daß mit etwa 3 Schwangerschaften bei 100 Frauen in einem Jahr zu rechnen ist (Pearl-Index = 3). Dieses Ergebnis liegt in derselben Größenordnung wie die der besten lokalen Verhütungsmittel (Barriere-Methoden, siehe S. 101).

Unsere **sympto-thermale-Methode** verlangt, daß **nach dem Höhepunkt ●** so lange zu warten ist, bis die verlangten 3 oder 4 höheren Messungen feststehen. Das kann auch erst mehrere Tage nach dem **Höhepunkt ●** sein. Es kann aber die **Höhepunktsregel** in besonderen Situationen sehr verläßlich sein, wie in der Zeit des Stillens bis zum Einsetzen der ersten Menstruation und in den Wechseljahren.

■ **Unfruchtbarkeit darf dann ab dem Abend des 4. Tages nach dem Höhepunkt ● angenommen werden.**

Tabelle 9: Vorzeitiger Temperaturanstieg

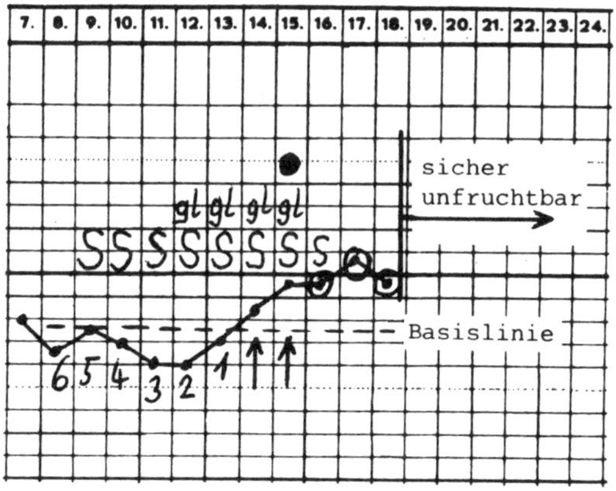

Zeichenerklärung:

gl =
Dieses **S** der „besten Qualität“ wird von der betreffenden Frau als „glasig“ beschrieben, ist also glasklar und ausziehbar („spinnbar“).

Wenn der Temperaturanstieg bereits vor dem Höhepunkt • beginnt, darf man erst jene 3 Messungen umranden, die nach dem Höhepunkt • liegen.

Es kann vorkommen, daß im beginnenden Temperaturanstieg noch immer jenes Zeichen **S** vorhanden ist, das die besonders fruchtbare Zeit anzeigt. Derartige Messungen dürfen **noch nicht als „höher“ umrandet werden**. Die 1. umrandete „höhere“ Messung am 16. Tag ist zwar nicht höher als die Messung am vorausgegangenen Tag, aber sie liegt bereits in der Temperaturhochlage.

■ Bei einem derartigen Verlauf von Temperatur und Zeichen **S** muß man die **6 niedrigen Messungen bestimmen, die unmittelbar vor dem Anstieg der Temperatur liegen** (Temperatur für sich allein beurteilt: ist mit einer strichlierten Linie eingezeichnet und entspricht damit der **Basislinie**, siehe S. 30, 35).

Es dürfen aber erst „höhere“ Messungen umrandet werden, die **nach dem Höhepunkt •** liegen. Die 3. „höhere“ (und umrandete) Messung liegt in obiger **Tabelle 9** 0,2° Celsius über der Basislinie und entspricht der Regel.

In diesem besonderen Falle eines **vorzeitigen Temperatuanstieges** werden mit der Zurücknumerierung **die letzten 6 tieferen Messungen gekennzeichnet, die unmittelbar vor dem Anstieg der Temperaturkurve** (für sich allein betrachtet) liegen. Die beiden ansteigenden Temperaturwerte, die noch nicht umrandet werden dürfen, sind mit einem Pfeil bezeichnet.

Tabelle 10: Ausbleibender Temperaturanstieg

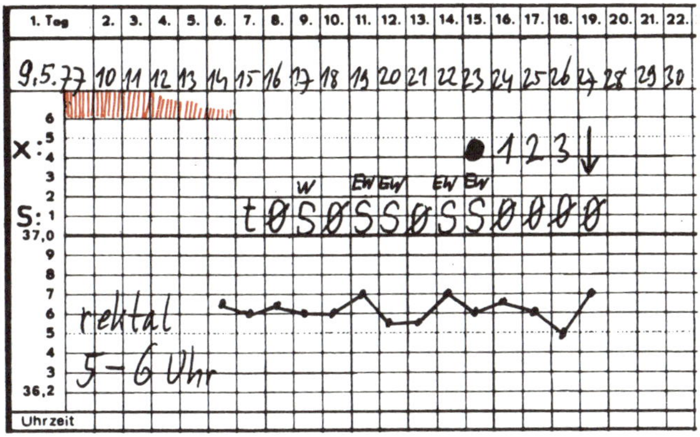

Es kann vorkommen, daß nach dem **Höhepunkt** ● die Temperatur nicht ansteigt. Zwei Dinge sind jetzt sehr wichtig:

- die Temperatur soll gerade in dieser Situation täglich gemessen werden.
- Man muß weiterhin **täglich auf die Beobachtungen am Scheidenausgang achten und diese Beobachtungen auch täglich eintragen.**

  Leider hören viele Frauen mit der Eintragung der Beobachtungen auf, sobald der **Höhepunkt** ● feststeht. Die Beobachtungen des **S** sollten stets weitergeführt werden, bis die notwendigen 3 oder 4 „höheren“ Messungen feststehen.

Wenn sich nach dem Höhepunkt ● herausstellt, daß die S-Phase zu Ende gegangen ist und sich trotzdem kein Temperaturanstieg einstellt, muß damit gerechnet werden, daß eine S-Phase ein zweites Mal eintreten kann.

Man soll keinen bestimmten Ablauf der S-Phase erwarten und auch nicht einen unbedingten Anstieg der Temperatur.

Wenn **S** nur äußerlich beobachtet wird, kann ohne festgestelltem Temperaturanstieg eine sicher unfruchtbare Zeit nicht bestimmt werden. Die Regeln der **Billings-Methode** würden die Annahme von **Unfruchtbarkeit am 4. Tag nach dem Höhepunkt** ● erlauben: Darauf soll der jeweils am 4. Tag nach dem **Höhepunkt** ● eingezeichnete Pfeil hinweisen (**Höhepunkt** ●, siehe S. 57).

Fortsetzung: siehe **Tabelle 11**.

Tabelle 11: Verschiebung des Ovulationstermins

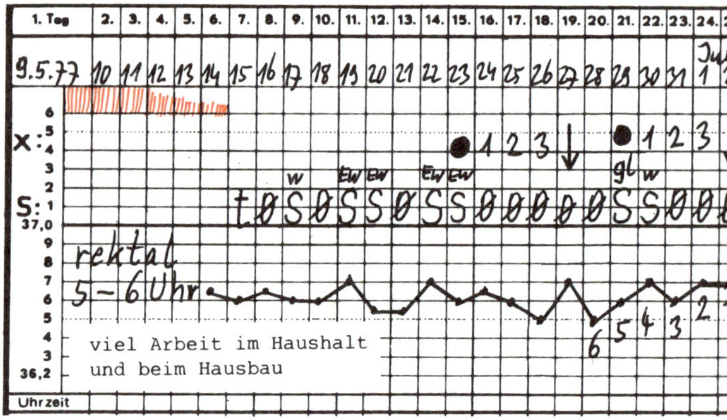

Fortsetzung von **Tabelle 10**: Die Temperatur bleibt weiterhin niedrig. Als 6 Tage nach dem **Höhepunkt ●** ein glasiges **S** zur Beobachtung kommt, erweist sich der zuerst gefundene **Höhepunkt ●** als „Fehlalarm“ **(wichtig: Phase mit S selbst der besten Qualität ist kein Beweis für eine Ovulation!).** Der eine Tag mit **S-gl** am 21. Tag ist der zweite **Höhepunkt ●** (es gibt sehr lange Zyklen, die dreimal oder öfter einen **Höhepunkt ●** haben). Erst am **5. Tag nach dem zweiten Höhepunkt ● beginnt die Temperatur anzusteigen**, und es können 3 „höhere“ Messungen umrandet werden. Es liegt ein verzögerter Temperaturanstieg vor. Die Anmerkung zu Beginn des Zyklus „viel Arbeit im Haushalt und beim Hausbau“ gibt die Erklärung für diese Verschiebung des Ovulationstermins.

Anstrengungen aller Art, Reisen, ungewohntes Klima, Erkrankungen usw. zu Beginn des Zyklus können den Ovulationstermin hinausschieben.

Manchmal kann eine Ovulationsverschiebung ohne ersichtlichen Grund vorkommen. Solange die Temperatur auf der tiefen Lage verbleibt, ist die Ovulation noch nicht abgelaufen, und es kann daher auch keine Schwangerschaft vorliegen, selbst wenn 40 und mehr Tage seit der letzten Menstruation vergangen sein sollten.

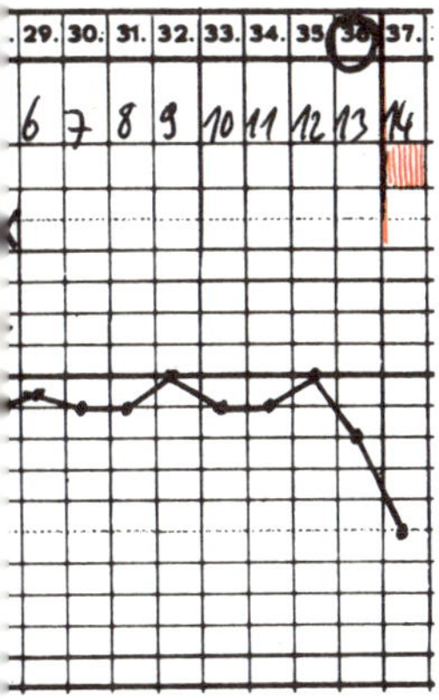

Zeichenerklärung:

t = „trockener Tag" (siehe **Tabelle 1.1**)
Ø = „nichts gespürt, nichts gesehen"
EW = S sieht ähnlich aus wie Eiweiß des rohen Eies (= „beste Qualität")
gl = glasiges **S** (= „beste Qualität")
w = **S** weißlich, dicklich

Wie kann sich eine ständige Überlastungssituation (Streß-Situation) auf den Zyklus auswirken?

Es kann zu andauernden Verschiebungen des Ovulationstermins und zu unregelmäßigen Zyklen kommen, oft verbunden mit verkürzten Hochlagen. Lang dauernde **S**-Phasen mit z. B. **S-EW** ähnlichem Ausfluß in der Tieflage aber auch in der Hochlage, können geradezu bezeichnend für eine Überlastungssituation sein. Wenn eine frauenärztliche Untersuchung ansonsten keinen besonderen Befund ergibt, müßte man einen geregelten Tagesablauf und ausreichenden Schlaf anstreben. Die Ernährung soll ausgewogen sein mit Vermeidung des übermäßigen Konsums von Zucker und Weißmehlprodukten. Besonders günstig ist eine kluge Vollwertkost. Junge Frauen, die in einer anstrengenden Berufsausbildung oder im Studium stehen, leiden sehr oft an einem „Ausfluß". In sehr vielen Fällen wird das echte Zeichen **S** innerhalb eines derartigen ständigen Ausflusses erkennbar. Für „Ausfluß" wird an jedem Tag **A eingetragen** (siehe **Tabelle 19**, S. 84). Eine wesentliche Hilfe kann die Selbstuntersuchung des äußeren Muttermundes sein (Beschreibung ab S. 82).

Tabelle 12: Zyklusverlauf bei Erkrankung

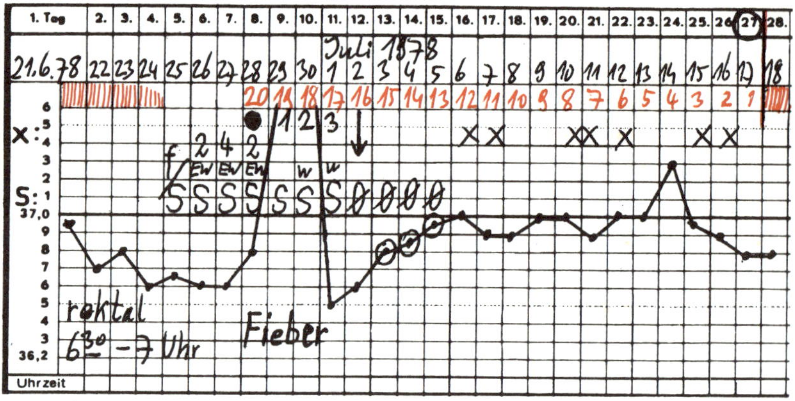

Zeichenerklärung:

f = Empfindung im Inneren der Scheide (S. 15). Ziffern oberhalb **S-EW**: **S** läßt sich auf einige Zentimeter in Fäden ausziehen („Spinnbarkeit") = **S** der „besten Qualität" (S. 25).
Beim **S** der „weniger guten Qualität" (S. 25) kann man Unterschiede mit Buchstaben zum Ausdruck bringen, z. B. **w** = weißlich, dicklich (**Anhang C**, S. 117). Eine Beschreibung mit eigenen Worten ist sehr zu empfehlen.

Bei Erkrankung vor ausgebildeter Temperaturhochlage unbedingt weitermessen und S-Beobachtungen sorgfältig durchführen sowie täglich eintragen! Man muß zuwarten, bis sich klare Zyklusverhältnisse ergeben. Die Muttermunduntersuchung ist hier allem anderen deutlich überlegen (siehe ab S. 82).

„Fieber" ist hier **nach dem Höhepunkt ●** aufgetreten. Gerade dann darf man auf keinen Fall die Höhepunktsregel anwenden und ab dem 4. Tag nach dem Höhepunkt (Pfeil) Unfruchtbarkeit annehmen (vgl. S. 57)! Selbst nach der Lehre der **Ovulations-Methode** darf bei derartigen Störungen die **Höhepunktsregel** nicht automatisch angewendet werden. Beim Umranden der 3 „höheren" Messungen muß man sicher sein, daß das Fieber abgeklungen ist (**krankheitsbedingte Temperaturerhöhungen sind durch das vorhandene Krankheitsgefühl erkennbar).**

Durch „Fieber" könnte auch **der gesamte Ovulationsvorgang unterbrochen werden und es zum Auftreten einer zweiten Phase mit S kommen** (ähnlich wie in **Tabelle 11**). Jede nicht in den Zyklusverlauf passende Temperaturzacke (Temperaturerhöhung) soll erklärt werden!

Es ist äußerst selten, daß Zeichen der Fruchtbarkeit bereits am 5. und **S-EW** am 6. Tag auftreten (Erfahrung dieser Frau aus mehr als 100 Zyklen: kürzester Zyklus 21 Tage mit langer Hochlage). Daher nimmt diese Frau zu Beginn des Zyklus keine unfruchtbaren Tage an.

In der fruchtbaren Zeit versagen alle empfängnisverhütenden Maßnahmen. Etwas Samenflüssigkeit in die Nähe des Scheideneinganges gebracht, kann bereits zu Schwangerschaft führen. Wenn zur Vermeidung der Empfängnis der eheliche Verkehr an den fruchtbaren Tagen nicht unterlassen wird, handelt es sich nicht mehr um **Natürliche Empfängnisregelung**. Es ist aber wichtig, alles anzumerken.

Eine französische Gruppe hat folgende Zeichen vorgeschlagen:

O Äußerliches Berühren der Geschlechtsorgane oder geringes Einführen des männlichen Gliedes ohne fühlbaren Samenerguß oder Karezza.

Ⓐ „**A**ufpassen" mit nachfolgendem Samenerguß außerhalb der Scheide („Rückzieher", unterbrochener Verkehr, Coitus interruptus).

Ⓜ Der **M**ann wendet beim Geschlechtsverkehr ein Gummischutzmittel an (Kondom, Präservativ, Pariser).

Ⓕ Die **F**rau wendet ein Schutzmittel an (Diaphragma, Portiokappe, Salbe, Gelée, usw.).

X für vollen ehelichen Verkehr mit Samenerguß in die Scheide muß zumindest den letzten ehelichen Verkehr vor den fruchtbaren Tagen und den ersten Verkehr nach den fruchtbaren Tagen angeben. Bei der **Ovulations-Methode** muß jeder eheliche Verkehr eingetragen werden, da am darauffolgenden Tag ausfließende Samenflüssigkeit – nach Meinung der **Billings-Methode** – ein **S** verdecken und damit die Beobachtung stören kann (vgl. S. 56). Die aufmerksame Beobachterin wird am Tag nach **X** meist den Abgang einer Flüssigkeit feststellen können; manche tragen dann **S?** ein. Durch Übungen der Beckenbodenmuskulatur („Kegel-Muskel-Übungen", S. 56) läßt sich aber die Samenflüssigkeit entfernen und **S** gut beobachten.

Tabelle 13: Allgemein tiefere Temperaturlage

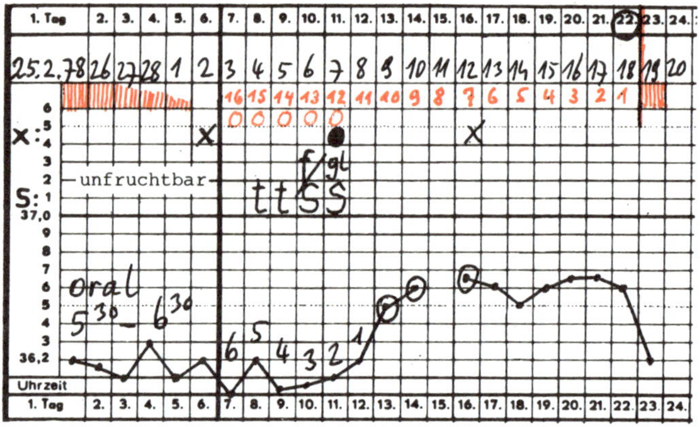

Zwei Dinge werden hier anschaulich gemacht:

1. **In besonders kurzen Zyklen kann man aufgrund des Temperaturverlaufs und der Zeichen der Fruchtbarkeit ersehen, ob die ersten 6 Tage unfruchtbar sind.** Am 8. und 9. Tag ist **t** eingetragen. Am 6. und 7. Tag fehlt leider die Eintragung. Erstmals am 10. Tag sind Zeichen der Fruchtbarkeit eingetragen. Für die zunächst aufgetretene bekannte Empfindung im Inneren der Scheide steht **f** (**Tab. 1.1,** S. 14), **S** ist dann erst im späteren Verlauf des Tages eingetreten. Am Abend muß daher **S** eingetragen werden und über einem Schrägstrich davor **f**. Aus der Rücknumerierung der 6 tieferen Messungen ergibt sich, daß der 6. Tag (**X** ist eingetragen!) in einem derartigen 22-Tage-Zyklus als unfruchtbar angesehen werden darf, wenn am 6. Tag oder davor keine Zeichen der Fruchtbarkeit vorhanden sind (**Tab.** 7, S. 35).

2. **Zur Bestimmung der 3 „höheren" Messungen nach dem Höhepunkt ●** genügt der relative Anstieg gegenüber der Tieflage. Die „Hochlage" mancher Frauen, besonders bei oraler Messung, kann bereits bei 36,6° Celsius liegen, wie oben. Manche Gebrauchsanweisungen geben zu Unrecht an, daß eine Hochlage über 36,9° C erreicht werden muß. **Anmerkung:** Der Abstand **Höhepunkt ●** – Menstruation ist 12 Tage, die Hochlage ist 10 Tage. Beides liegt im Rahmen des Normalen. In einem derartigen Zyklus ist das Eintreten einer Schwangerschaft möglich.

Tabelle 14: Allgemein höhere Temperaturlage

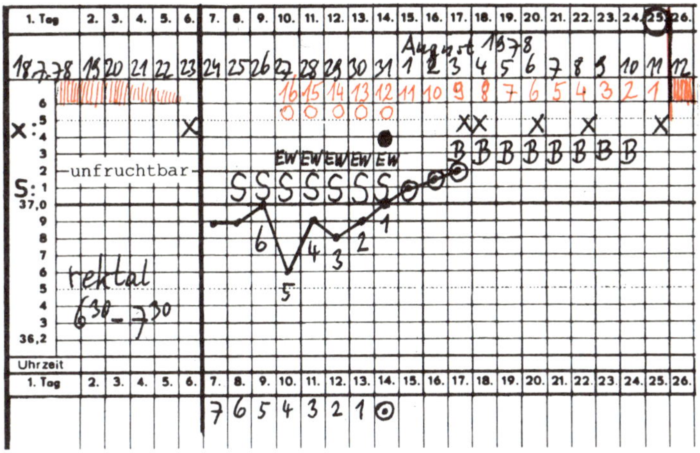

Hier zeigt sich eine höhere Lage des gesamten Temperaturverlaufes. Die „tieferen" Messungen können um 37° liegen, die „höheren" Messungen erreichen die für eine Auswertung notwendige Temperaturdifferenz.

Auch hier zeigen sich deutlich ausgeprägte tiefere Messungen im Zusammenhang mit **S**. **An den fruchtbaren Tagen kommt es zur Ausbildung eines Tales** der Temperaturkurve. Ein zumindest flaches Tal in der fruchtbaren Zeit bildet sich in den meisten Kurven aus.

Bei flachen Temperaturanstiegen kann folgendes Zeichen hilfreich sein: ein Größerwerden der Brust mit Völle- und Spannungsgefühl, eventuell mit einem Schmerz, **das häufig in der Temperaturhochlage auftritt** (**B**rustsymptom). Manche Frauen spüren um den Ovulationstermin ein feines Stechen in der Brust.

Die **früheste 1. höhere Messung** aus einer Serie von 15 Zyklen war am 14. Tag: vom 14. Tag werden 7 Tage zurücknumeriert (modifizierte Döring-Regel, **Tab.** 7, S. 37f.). Der 6. Tag darf als unfruchtbar angesehen werden, wenn keine Zeichen der Fruchtbarkeit vorhanden sind. Leider fehlt hier die Beobachtung. Diese Frau nimmt stets bis einschließlich 6. Tag Unfruchtbarkeit an, obwohl der kürzeste Zyklus ein 23-Tage-Zyklus ist. Die modifizierte Döring-Regel hat Vorrang gegenüber der „20er-Regel".

Tabelle 15: Eintreten einer Schwangerschaft

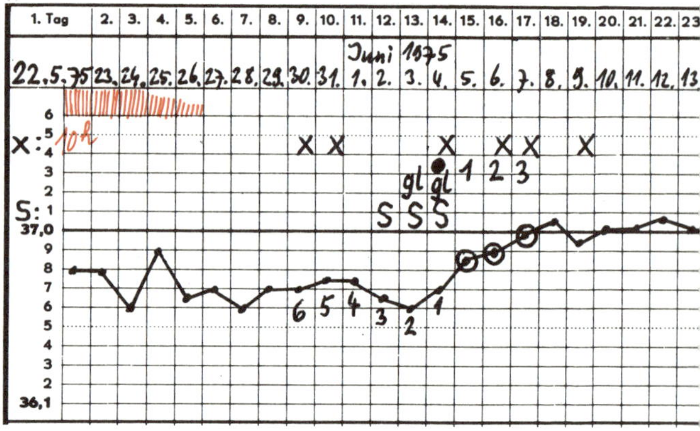

Der günstigste Zeitpunkt für eine Empfängnis liegt gegen Ende jenes Zeichens S, das für die betreffende Frau die beste fruchtbare Zeit anzeigt und knapp danach. Die drei günstigsten Tage sind der **Höhepunkt ●, der Tag davor** und **der Tag danach**. Diese Tage liegen meist knapp vor dem Temperaturanstieg, können aber auch in die ersten höheren Messungen hineinreichen. Ausgehend vom **Tag des Höhepunkts ●** oder vom **letzten Tag der tieferen Messungen** (= etwa geschätzter Empfängnistermin) läßt sich der Entbindungstermin am besten berechnen; davon werden sieben Tage zurückgezählt und dann 9 Monate dazu gerechnet. **Die Schwangerschaftsdauer ist etwa 266 Tage** (plus/minus etwa 10 Tage) vom Empfängnistermin an gerechnet.

Falls die Empfängnis erst um den 40. Zyklustag eintreten sollte, ist der Entbindungstermin etwa einen Monat später als nach der alten Berechnung, die vom Einsetzen der letzten Menstruation ausgeht. Leider wird das noch immer zu wenig beachtet, so daß dann durch eine zu frühe künstliche Einleitung Frühgeburten provoziert werden.

Sobald man mehr als 18 Tage Hochlage der Temperatur hat, weist das mit sehr hoher Wahrscheinlichkeit auf das Bestehen einer Schwangerschaft hin. Es kann aber auch manchmal sein, daß die Menstruation erst nach etwa 20 Tagen Hochlage einsetzt, ohne daß eine Empfängnis eingetreten ist. Bei Vorliegen einer Schwangerschaft kann es vorkommen, daß etwa zu der Zeit, da die nächste Menstruation erwartet würde, die Temperatur einen zusätzlichen

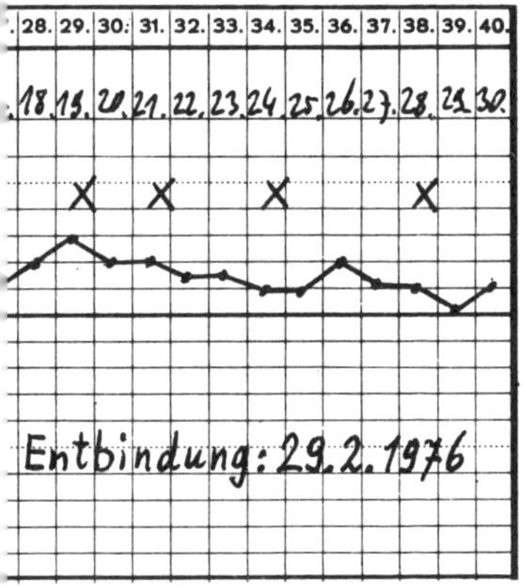

Der Entbindungstermin hängt vom Empfängnistermin ab und nicht von der letzten Menstruation!

Wenn Sie die Geburt bewußt erleben wollen, dann müssen Sie sich gegen die Spritze in der letzten Phase der Entbindung wehren, die Sie betäuben soll! Schreiben Sie mir, bitte, über Ihre Erfahrung.

geringen Temperaturanstieg zeigt. Zu dieser Zeit kann bisweilen auch eine leichte Blutung eintreten, die den Fortgang der Schwangerschaft meist nicht stört. Man soll auf jeden Fall weitermessen, bis man etwa 30 Messungen auf der Hochlage hat.

- **Welche Erfahrungen könnte man sammeln, sobald das Eintreten einer Schwangerschaft erwünscht ist?**
- **Eine der wichtigsten Erfahrungen liegt darin, daß eine Frau weiß, wann bei ihr persönlich die Schwangerschaft entstanden ist.**
- **Es ist vollkommen verkehrt, mit allen Aufzeichnungen aufzuhören, „weil man ohnehin schwanger werden will".**

Wenn man schwanger werden will, sollte man bereits in dieser Zeit ein Kombinationspräparat einnehmen, das Vitamine, Mineralstoffe und Spurenelemente enthält. In einer derartigen Kombination sollte vor allem Folsäure enthalten sein, das sich als Vorbeugung bestimmter Mißbildungen besonders bewährt hat. Auf jeden Fall sollten Sie nach **20 Tagen Hochlage** Ihren Arzt fragen, ob von Ihnen eingenommene Medikamente abgesetzt gehörten, und vergessen Sie nicht die Einnahme des oben erwähnten Kombinationspräparates. Es sind bei den danach geborenen Kindern weniger Fehlbildungen aufgetreten. Die Gabe von **Magnesium** (siehe S. 98) kann die Beschwerden der Frühschwangerschaft wesentlich mildern, beugt bei konsequenter Einnahme Frühgeburten vor und verhilft zu klareren Aufzeichnungen in der Stillzeit. Im eigenen Beratungsdienst sind bei Hunderten von Schwangerschaften weniger Fehlgeburten und Fehlbildungen aufgetreten als es dem Durchschnitt der Bevölkerung entspricht[35].

Leider zeigt die Erfahrung im eigenen Beratungsdienst, daß Frauen bei Kinderwunsch mit den Aufzeichnungen aufhören. **Diese Frauen verzichten dadurch auf ganz wichtige Erfahrungen.** Die Zeit nach der Geburt eines Kindes wäre leichter zu bewältigen, wenn diese Frauen mehr Mühe darauf verwendet hätten, in der Zeit vor Eintreten der Empfängnis ihre persönlichen Zeichen der Fruchtbarkeit besser kennenzulernen. Zu diesem Zweck sollte man in einer gewissen Weise experimentieren.

Sobald man eine verschwindend geringe Wahrscheinlichkeit des Eintretens einer Schwangerschaft akzeptieren kann, möge man zumindest ein Jahr lang zu Beginn des Zyklus unter Anwendung aller Regeln möglichst viele Tage als unfruchtbar annehmen. Besonders die Untersuchung des Muttermundes kann es erlauben, den **Randbereich vor den fruchtbaren Tagen** herauszufinden, in dem noch keine Empfängnis eintritt.

Tabelle 16: Zeit nach der Entbindung
(wenn nicht oder nur teilweise gestillt wird)

Unter dem gedruckten **1. Tag** der Tabelle wird das **Datum der Geburt des Kindes** eingetragen. Mit einer roten Wellenlinie wird die

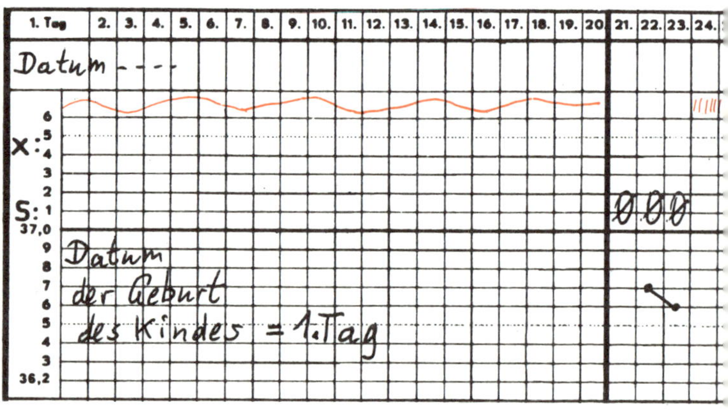

Dauer des Wochenflusses angegeben. Zwischen 20. und 21. Tag wird eine dicke Linie eingezeichnet, um anzudeuten, daß ab etwa 21. Tag die üblichen Beobachtungen einzutragen sind. Die **Aufwachtemperatur** soll möglichst bald gemessen werden. Es ist wichtig zu wissen, ob sich vor der ersten Blutung eine Hochlage befindet oder nicht. **Warten Sie bitte nicht bis zum Eintreten der ersten Blutung, da man vorher schwanger werden kann.** Gegen die Wiederaufnahme des ehelichen Verkehrs bestehen ab etwa 3 Wochen nach der Entbindung keine medizinischen Bedenken.

Wann kann bei der nichtstillenden Frau eine Schwangerschaft am frühesten eintreten? In der eigenen Beratung war dies gegen Ende der 7. Woche. Ob in der 6. Woche nach der Geburt eines Kindes eine Schwangerschaft eintreten kann, ist aufgrund unserer Erfahrungen anzuzweifeln, da wir stets den Rat gegeben haben, bis 6 Wochen nach einer Entbindung Unfruchtbarkeit anzunehmen. Wenn in der 6. Woche ein Zeichen **S** auftreten sollte, möge man eine möglicherweise fruchtbare Zeit annehmen. **Teilweises Stillen:** weitere Informationen S. 73. **Bei vollem Stillen** ist die Dauer der Unfruchtbarkeit nach der Geburt eines Kindes viel länger (lesen Sie auf jeden Fall im Text zu **Tabelle 17** über wichtige Zusammenhänge der Mutter-Kind-Bindung).

Nach Ablauf von etwa 6 Wochen stellen sich bei der nichtstillenden Frau sehr rasch wieder Zyklen ein (die Hochlagen können verkürzt sein). Eine verkürzte Hochlage ist auch meist vor der ersten **echten Menstruation**. Wenn davor irgendein **S** war, ist das aber **kein Beweis** für eine stattgefundene Ovulation.

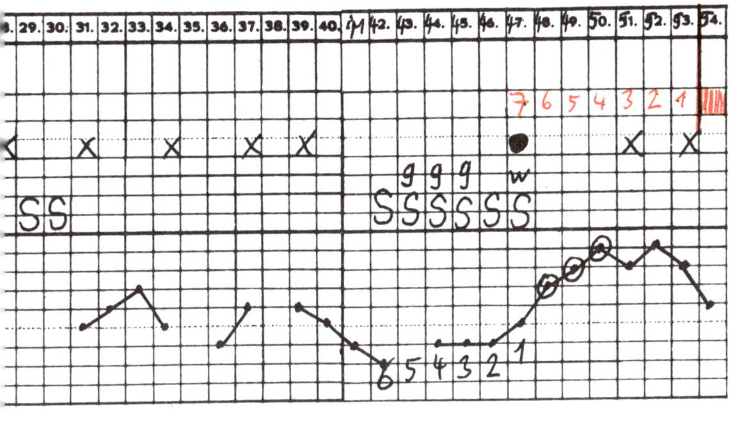

Tabelle 17: Zeit nach der Entbindung
(wenn voll gestillt wird)

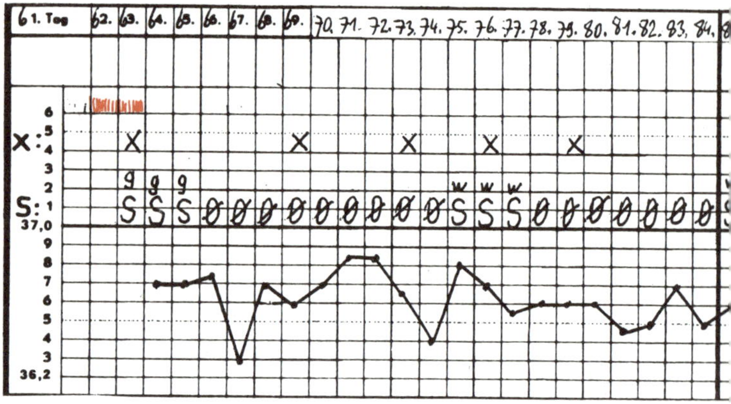

Möchten Sie beim vollen Stillen zum richtigen Verhalten finden? – Dann müssen Sie Aufzeichnungen führen, die eine gute Auswertung möglich machen!

Die Aufzeichnungen nach einer Entbindung sollen so geführt werden, daß unter dem gedruckten **1. Tag** der Tabelle das **Datum der Geburt des Kindes** eingetragen wird (wie in **Tabelle 16**). Mit einer roten Wellenlinie wird die Dauer des Wochenflusses angegeben. Zwischen 20. und 21. Tag wird eine dicke Linie eingezeichnet, um anzudeuten, daß ab etwa 21. Tag die üblichen Beobachtungen einzutragen sind – falls sich der Wochenfluß nicht noch störend auswirkt. Die **Aufwachtemperatur** soll möglichst bald gemessen werden – zumindest soll man versuchen, in kürzeren Abständen immer wieder einen Temperaturwert einzutragen. Es ist wichtig zu wissen, ob vor der ersten Blutung eine Hochlage vorhanden ist oder nicht. Selbst beim vollen Stillen kann sehr bald eine Blutung eintreten, vor der sich keine Temperaturhochlage befindet und die daher keine echte Menstruation ist, sondern eine **Zwischenblutung** (siehe **Tabelle 8.4**, S. 44). Frauen berichten immer wieder fälschlicherweise, daß sie bald nach der Entbindung eine „Periode" gehabt hätten.

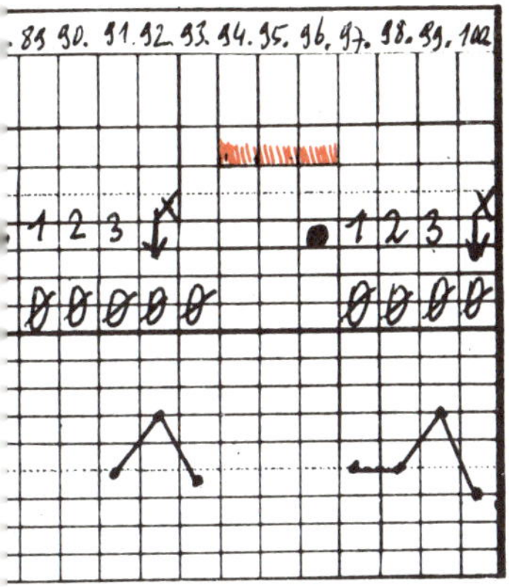

Zeichenerklärung:
Ab 12 Wochen nach der Entbindung (dicke Linie Tag 84/85): Wenn bei fast ständig **Ø** nur **S** von „nicht so guter Qualität" beobachtet werden kann, ist der letzte Tag dieser Art von **S** der **Höhepunkt ●**.
Die Ziffern 1, 2 und 3 nach dem **Höhepunkt ●** geben an, daß diese 3 Tage noch als fruchtbar anzusehen sind („Höhepunktsregel"): am Abend des 4. Tages (Pfeil ↓) darf Unfruchtbarkeit angenommen werden, wenn Zeichen der Fruchtbarkeit fehlen.
Bei vollem Stillen kann jede Blutung viele Monate ausbleiben.

Dauer der Unfruchtbarkeit bei „vollem Stillen in unserem Sinne"

Eine Frau ist bei „vollem Stillen in unserem Sinne" mindestens 12 Wochen (84 Tage) unfruchtbar. „Volles Stillen in unserem Sinne" liegt nur dann vor, wenn folgende Bedingungen erfüllt sind:

- Außer der Brust keine zusätzliche Ernährung, keinerlei Flüssigkeit.
- Das Kind muß in 24 Stunden mindestens 5 bis 6mal angelegt werden.
- Die Gesamt-Stillzeit in 24 Stunden muß mindestens 100 Minuten betragen.
- Eine Stillpause darf nicht länger als 6 bis 7 Stunden sein. Das gilt sowohl für die Nachtruhe als auch für eine Stillpause im Verlaufe des Tages. Wenn das Kind in der Nacht mindestens einmal angelegt wird, kann dies die Dauer der Unfruchtbarkeit wesentlich verlängern.

Irgendein innerhalb dieser 12 Wochen auftretendes **S** (selbst **S-EW**) ist bedeutungslos und muß nicht beachtet werden, ebenso Blutungen (die innerhalb einer Tieflage der Temperatur auftreten können und daher Zwischenblutungen sind). Wenn dann später einmal eine **echte Menstruation** eintritt, muß davor eine Temperaturhochlage ausgebildet sein; diese ist meist verkürzt.

Wenn auf den Schnuller verzichtet wird und zur Beruhigung die Brust gegeben werden kann, wird der Saugreiz noch öfter gesetzt. **Je öfter ein Kind innerhalb von 24 Stunden angelegt wird, umso länger wird der erste Eisprung hinausgeschoben.** Manche Frauen sind 6 Monate, 1 Jahr oder länger unfruchtbar. Andrerseits kann es nach einigen Monaten Stillen vorkommen, daß überraschend eine Schwangerschaft eintritt, bevor überhaupt irgendeine Blutung war. **Das kann aber nur dann geschehen, wenn in dieser Zeit Zeichen der Fruchtbarkeit nicht beachtet werden.**

Die Erfahrung, daß **beim vollen Stillen „in unserem Sinne"** bis **mindestens 12 Wochen nach der Entbindung Unfruchtbarkeit** besteht, ist durch eigene Untersuchungen anhand von Aufzeichnungen nach der Geburt von mehr als 2000 Kindern gedeckt. Es ist keine Beobachtung bekannt, welche diese Feststellung widerlegen würde.

■ Trotzdem sind **ab etwa 3 Wochen nach der Entbindung auf der dicken Linie für 37 Grad die üblichen Beobachtungen einzutragen (sehr wichtig!).** Was in der Zeit ab 3 Wochen nach der Entbindung eingetragen wird, ist **unerläßlich für die rechte Auswertung nach Ablauf der 12 Wochen! (sehr wichtig!).**
Die Beobachtungen innerhalb dieser 12 Wochen sind zwar für die laufende Auswertung unnötig, sie sind aber auf jeden Fall auch eine neuerliche gute Einübung.

■ **Wenn ab etwa 3 Wochen nach der Entbindung** fast ständig **t** oder **Ø** beobachtet werden kann, wobei nur gelegentlich wenige Tage mit **S** eingelagert sind, dürfen Tage mit **t** oder **Ø** auch in der Zeit **nach** 12 Wochen an sich als unfruchtbar angesehen werden. Wenn **nach** 12 Wochen irgendein **S** auftritt, ist Fruchtbarkeit anzunehmen, und es wird der letzte Tag dieses **S** als **Höhepunkt ●** gewertet (siehe obige **Tabelle 17**).
Es hat nicht viel Sinn, danach zu fragen, wann die erste Ovulation eintritt. Die angestellten Beobachtungen beziehen sich immer nur auf die Zeichen von möglicherweise fruchtbaren Tagen.

■ Für Frauen, **die ab 3 Wochen nach der Entbindung** fast ständig ein **S** beobachten können (z.B. trüb-weißlich, dick-gelblich) kann dasselbe gleichbleibende **S** in der Zeit **nach** 12 Wochen ein Zeichen für unfruchtbare Tage sein. Möglicherweise fruchtbare Tage werden dann in der Regel eine bessere Qualität des **S** aufweisen.

Bei unklaren S-Beobachtungen kann die **„Glas-Wasser-Probe“** helfen. Etwas von dem **S** wird in ein Glas mit Wasser eingebracht (z. B. Wasserstrahl über den Finger mit Schleim rinnen lassen). Ein dehnbares und in Fäden ausziehbares **S** (Zervixschleim) bleibt in seiner fädigen Struktur beisammen und löst sich im Wasser nicht auf. Wenn es sich um einen Ausfluß (vaginale Abschilferung) handelt, dann löst sich dieser im Wasser auf und das Wasser wird trüb.

Wie geht man in der Zeit nach 12 Wochen vor, bzw. bei „nicht vollem Stillen“ nach 6 Wochen?, und zwar jeweils bis zum Einsetzen der ersten Menstruation?

Anwendung der Höhepunktsregel:

Am Abend des 4. Tages nach einem Höhepunkt ● kann eine unfruchtbare Zeit angenommen werden, selbst wenn die Temperatur nicht ansteigt – vorausgesetzt es sind an diesem Tag keine Zeichen der Fruchtbarkeit vorhanden (Pfeil ↓ in **Tabelle 17**: **Ø** bedeutet Unfruchtbarkeit). Die **Höhepunktsregel** ist sehr verläßlich **in der Stillzeit bis zur ersten echten Menstruation** (auch bei teilweisem Stillen). Beim Stillen besteht nämlich eine herabgesetzte Fruchtbarkeit bis zur ersten echten Menstruation. Die Muttermunduntersuchung kann die Auswertung erleichtern (**Tabelle 19**, S. 84).

Tage mit einer Blutung ohne vorausgegangene Temperaturhochlage werden wie S gewertet (Blutung kann Schleim verdecken). Der letzte Tag einer derartigen Blutung gilt dann als **Höhepunkt ●** (siehe **Tabelle 17**), wenn sich nicht unmittelbar an die Blutung Zeichen der Fruchtbarkeit anschließen. Folgen auf die Blutung Zeichen der Fruchtbarkeit, dann ist der letzte Tag dieser S-Phase der **Höhepunkt ●**.

Notwendigkeit der Temperaturmessung (wichtig!)

Zumindest in Phasen mit S und einige Tage danach soll die Temperatur gemessen werden, um festzustellen, ob die Temperatur anschließend ansteigt oder nicht. Eine Blutung ist nur dann als **echte Menstruation** zu erkennen, wenn vor der Blutung eine Temperaturhochlage war. Nur so kann man die **echte Menstruation** von der **Zwischenblutung** (deren Tage fruchtbar sein können) unterscheiden.

Ansonsten kann der Temperaturverlauf unruhig sein und immer wieder Zacken aufweisen. Die fortlaufende Temperaturmessung zeigt zumindest, daß **keine Schwangerschaft vorliegt**, solange die Temperatur auf der niedrigeren Lage verbleibt. **Beim Stillen muß nach 3 höheren Messungen weitergemessen werden, ebenso in den Wechseljahren.** Die Temperatur könnte wieder absinken. Dann hängt die weitere Beurteilung vom **S** ab – oder man richtet sich nach dem Befund am äußeren Muttermund (**Tab. 19**, S. 84). **Solange gestillt wird, ist die „Einleitung einer Blutung" nicht notwendig**, ja sogar unzweckmäßig.

Sobald eine fruchtbare Zeit herannaht, können die Temperaturwerte für einige Tage etwas tiefer werden und ein überraschend gleichmäßiges Tal bilden. Wer das einmal in der Stillzeit erlebt hat, wird den ersten echten Temperaturanstieg fast vorhersagen können.

Sobald nur mehr teilweise gestillt wird, oder wenn es zu einer längeren Stillpause (Nachtruhe) kommt, kann es zu länger dauernden Phasen mit **S** kommen, die sehr schwer auszulegen sind (hier kann die Muttermunduntersuchung hilfreich sein). Es liegt nun beim Ehepaar, über das weitere Vorgehen zu entscheiden. Möchte man z.B. auswertbare Zyklen haben, dann bleibt nichts anderes übrig, als das Kind abzustillen. Wenn die Mutter nicht mehr stillt, muß sie erfinderisch andere Wege suchen, damit das Kind die Liebe der Mutter in einem unmittelbaren körperlichen Kontakt erleben kann (alle möglichen Zärtlichkeiten und Liebkosungen, Hautnahkontakt!). **Dieser enge Kontakt, vor allem das Stillen, schafft eine unersetzliche Grundlage für eine gute gemütshafte Mutter-Kind-Bindung.** Das führt zu innerer Ruhe und Zufriedenheit des Kindes mit guten Auswirkungen auf die Charakterentwicklung.

Verhalten nach einer Fehlgeburt (Abortus)

Nach einem Abortus darf keine unfruchtbare Zeit angenommen werden. Man muß nach dem Abortus sofort Aufzeichnungen führen, da man unmittelbar nach einer Fehlgeburt wieder schwanger werden kann. Wenn neuerlicher Kinderwunsch vorliegt, besteht in der Regel medizinisch kein Einwand, sofort nach dem Abortus wieder schwanger zu werden, wie jüngste Kontrolluntersuchungen gezeigt haben.

Die Wechseljahre (Klimakterium)

Mit **Menopause** wird die letzte Blutung im Leben einer Frau bezeichnet. Die Zeit davor wird **Prämenopause** genannt, die Zeit danach **Postmenopause**; in der Umgangssprache spricht man von den **Wechseljahren (Klimakterium)**. Bedauerlicherweise wird viel zu viel über „Wechselbeschwerden" gesprochen, die angeblich auftreten müßten. Aufgrund der jahrzehntelangen Erfahrungen unseres Beratungsdienstes haben wir den Eindruck gewonnen, daß NER eine positive Einstellung gegenüber den rhythmischen Vorgängen im Körper der Frau fördert. Das wirkt sich auch positiv auf das Erleben der Wechseljahre aus.

Wenn ein Ehepaar NER seit jeher in gegenseitigem Einvernehmen lebt, ist es zur Ausbildung einer guten Partnerschaft gekommen, was wiederum eine wesentliche Hilfe für eine positive Bewältigung der Wechseljahre bedeutet. Die sexuelle Erlebnisfähigkeit ist erfahrungsgemäß bei einer guten Partnerschaft nicht vermindert, es kann sogar zu einer Steigerung kommen. Diesbezüglich ist eine gute Partnerschaft wichtiger als ein bestimmter Hormonspiegel. Mit welcher Intensität der Gefühle das körperliche Einswerden erlebt werden kann, hängt nicht von Hormonen ab, sondern vielmehr von der eigenen inneren Aufgeschlossenheit. Es gilt auch eine gewisse Voreingenommenheit zu überwinden, die gegenüber der Alterssexualität noch weithin zu bestehen scheint. Selbst eine Frau in hohem Alter kann noch voll erlebnisfähig sein. Inwieweit man mehr einen Austausch von Zärtlichkeiten haben möchte oder eine geistig-seelisch dominierte Einheit, soll mit dem Partner besprochen werden, ohne dem Partner die eigene Vorliebe entgegen dessen eigenen Wünschen aufzuzwingen. Die echte gegenseitige Liebe wird hier stets den richtigen Weg finden lassen – und der kann von Ehepaar zu Ehepaar sehr verschieden sein.

Eine Frau sollte sich nicht sorgenvoll die Frage vorlegen, wann bei ihr die Wechseljahre beginnen könnten. Solange biphasische Zyklen mit einem Zeichen **S** beobachtet werden können, sind die Zyklen in der üblichen Weise auswertbar. Wir verfügen über Beobachtungen, daß derartige ganz normal erscheinende Zyklen noch in einem Alter von über 50 Jahren vorkommen können. Diese Frauen konnten problemlos ihre Zyklen auswerten.

Es ist daher nicht richtig, wenn von manchen behauptet wird, daß man ab einem Alter von etwa 35 Jahren die Natürliche Empfängnisregelung nicht mehr durchführen könnte. Wenn sich Unregelmäßigkeiten im Ablauf des Zyklus einstellen sollten, dann möge sofort besonderer Wert auf **vollständige Aufzeichnungen** gelegt werden.

Erfahrungsgemäß neigen erfahrene Frauen dazu, nur sehr lückenhaft oder überhaupt keine Aufzeichnungen mehr zu führen, da sie ihre fruchtbaren Tage aufgrund ihrer Körperwahrnehmungen kennen. Das kann bei vielen Frauen über viele Jahre ganz ausgezeichnet funktionieren. Es muß aber ein dringender Rat gegeben werden: sobald sich eine ungewöhnliche Unregelmäßigkeit im Zyklusverlauf als möglicher Hinweis für den Beginn von hormonellen Veränderungen in den Wechseljahren zeigt, werden **vollständige Aufzeichnungen** sehr wichtig.

- **Sie ermöglichen eine richtige Auswertung des Zyklus.**
- **Sie können wichtige Hinweise auf behandlungsbedürftige Zustände geben (Krebsvorbeugung!)**

Wenn sich 3 höhere Messungen finden, unbedingt weitermessen. Meßpunkte könnten wieder auf die Tieflage fallen (vergleiche Text bei **Tabelle 8**).

Veränderungen der Hormone im Klimakterium

Es ist durchaus normal, daß es in diesem Lebensabschnitt der Frau zu bestimmten Veränderungen im Hormonhaushalt kommt. Damit müssen nicht notwendigerweise negative seelische Veränderungen verbunden sein. Es kann aber zu auffallenden Veränderungen in den Zyklusaufzeichnungen kommen. Diese können besser verstanden werden, wenn man die nachfolgende Abb. 6 betrachtet.

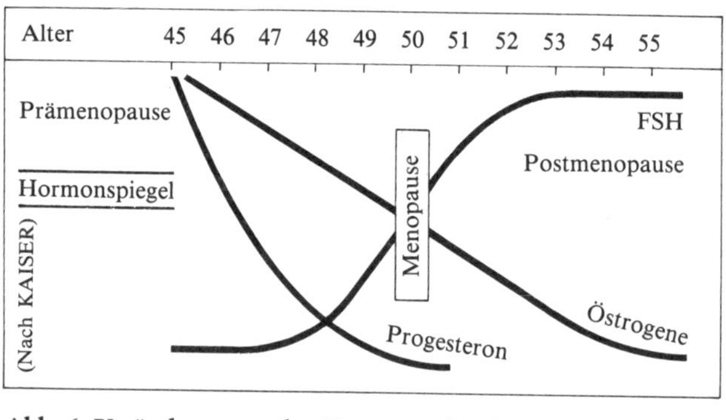

Abb. 6: Veränderungen des Hormonspiegels im Klimakterium

In der **Prämenopause** nimmt die Funktion der Eierstöcke immer mehr ab, und es vermindert sich die Zahl der Follikel. Außerdem reagieren diese immer schlechter auf die Steuerhormone der Hirnanhangdrüse (Hypophyse). Die Follikel produzieren immer weniger Östrogene. Die zu geringe Östrogenproduktion in den Eierstöcken führt dazu, daß die Hypophyse in zunehmendem Maße vor allem **FSH** (**F**ollikel-**S**timulierendes-**H**ormon, siehe S. 46) ausschüttet, um vielleicht doch noch die Follikel zu einer stärkeren Ötrogenbildung anregen zu können. Da dies nicht gelingt, bleibt die Menge des FSH auf einem hohen Niveau.

Eigentümlichkeiten von Zyklen in der Prämenopause

Es können Zyklen mit einer **verkürzten Hochlage der Temperatur** auftreten. Es kann also die Bildung von Gelbkörperhormon (Progesteron) früher abnehmen als die Sekretion von Östrogenen (siehe obige Abb. 6). So lassen sich Zyklen mit kurzen Temperaturhochlagen erklären.

- Infolge dieser verkürzten Hochlagen werden diese Zyklen kürzer, ohne daß aber die früheste erste höhere Messung früher auftreten muß. Wenn die fruchtbare Zeit doch einmal früher beginnen sollte, machen sich die Zeichen der Fruchtbarkeit rechtzeitig bemerkbar.
- **Wenn 3 oder 4 „höhere" Messungen auftreten sollten, die nicht die „übliche Temperaturhochlage" (S. 40) erreichen, muß weitergemessen werden (wie in der Stillzeit, S. 74).**
- Der Zervixschleim kann die bisherige „beste Qualität" verlieren und kann nur mehr in „schlechter Qualität" auftreten. Bei manchen Frauen besteht als letzter Rest von **S** nur die Wahrnehmung von **f**, unter Umständen nur an einem einzigen Tag. Das ist dann die letzte Andeutung eines möglichen fruchtbaren Tages. In dieser Situation ist **f** wie **S** zu werten. Der letzte Tag oder der eine Tag mit **f** ist der **Höhepunkt ●**.
- Irgendwann wird es zu einer lang anhaltenden Tieflage der Temperatur kommen, und es wird entweder stark verspätet oder überhaupt keine Temperaturhochlage eintreten. **Darauf müssen Sie vorbereitet sein.** Wenn in einem Alter von etwa 45 Jahren und darüber immer wieder Phasen mit **S** oder nur mit **f** auftreten (ohne oder mit verspätetem Temperaturanstieg), wird immer wieder die **Höhepunktsregel** angewendet (S. 73):

- Ab dem Abend des **4. Tages nach dem Höhepunkt ●** darf eine unfruchtbare Zeit angenommen werden, wenn an diesem 4. Tag **keine Zeichen der Fruchtbarkeit** vorhanden sind.
  Diese Regel hat sich **in den Wechseljahren** sehr bewährt. Im eigenen Beratungsdienst kam es bisher noch nie zu einer überraschenden Schwangerschaft.

Die Aufzeichnungen der **Tabelle 17** könnten ohne weiteres auch von einer Frau in den Wechseljahren stammen. Nur der Temperaturverlauf auf der Tieflage könnte in den Wechseljahren etwas ruhiger und gleichmäßiger verlaufen.

In den Wechseljahren gelten dieselben Anwendungsregeln wie beim Stillen (es können immer wieder **Höhepunkte ●** ohne nachfolgenden Temperaturanstieg auftreten). Andrerseits kann es in den Wechseljahren vorkommen, daß wochen- oder monatelang keinerlei Zeichen einer Fruchtbarkeit auftreten. So können sich in den Wechseljahren bisweilen sehr lange Abstände zwischen zwei „Blutungen" ergeben. Wenn Zeichen der Fruchtbarkeit fehlen, dürfen alle diese Tage als unfruchtbar angenommen werden.

Wenn einer Blutung keine Hochlage vorausgegangen ist, dann muß eine derartige Blutung als möglicherweise **fruchtbar** angesehen werden. Eine derartige Blutung kann Schleim verdecken. Wenn sich die Blutung nicht in eine Schleimphase fortsetzt, muß **der letzte Tag der Blutung wie ein Höhepunkt ●** gewertet werden (ebenso wie beim Stillen: siehe **Tabelle 17**). – Sehr gut bewährt sich die **Muttermunduntersuchung** bei allen denkbaren Verläufen.

Besonders wichtige Beobachtungen zu Zyklusbeginn

In den Wechseljahren ist bei ausklingender Menstruation eine besonders gute Selbstbeobachtung anzustreben bzw. ist der Muttermund möglichst früh im Zyklus zu untersuchen. Es können besonders früh im Zyklus Zeichen der Fruchtbarkeit auftreten. Falls z. B. **EW** bereits am 4. Tag auftreten sollte, ist selbstverständlich Fruchtbarkeit anzunehmen. Bei guter Selbstbeobachtung drängen sich die Zeichen der Fruchtbarkeit von selbst auf.

Ab wann ist mit keiner Ovulation mehr zu rechnen?

Mit dem Erlöschen der Eierstockfunktion (Unterbleiben von Follikelreifung und Ovulation) steigt **FSH** sehr stark an (Abbildung 6). Sobald die „Blutungen" in großen Abständen auftreten, kaum mehr

Fruchtbarkeitszeichen vorhanden sind und Temperaturhochlagen fast fehlen, soll **FSH** im Blute bestimmt werden. Wenn eine mehrmalige Bestimmung in monatlichen Abständen stets hohe Werte ergibt, ist mit keiner Ovulation mehr zu rechnen.

Das Eintreten der **Menopause** kann dann angenommen werden, wenn zumindest ein Jahr lang keine Blutung mehr eingetreten ist.

Einige Anmerkungen zur Osteoporose

Es handelt sich dabei um eine Verminderung der Knochenmasse mit erhöhter Brüchigkeit des Knochens. Die Forschung auf diesem Gebiet ist voll im Fluß, und es gibt zum gesamten Problem sehr verschiedene Meinungen. Am besten ist, Sie besprechen alles mit Ihrem behandelnden Arzt, da es auch genetische und konstitutionelle Faktoren gibt, die nur der Arzt beurteilen kann.

In jüngster Zeit sind Möglichkeiten einer Behandlung entwickelt worden, die es bei verminderter Knochendichte erlauben, wieder Kalk in den Knochen einzulagern, um ihn damit neuerlich zu verfestigen.

Ratschläge zur Vorbeugung:

- **Mehr „Kalkbewußtsein“** was besagen will, daß man bei der Ernährung zeitlebens auf eine ausreichende Kalkzufuhr (Kalzium) achten soll (Milch und **Milchprodukte**, wobei Quark oder Topfen keine gute Quelle für Kalzium ist; dazu eine möglichst vollwertige Ernährung; ob eine strenge Vollwertkost den Bedarf an Kalzium decken kann, ist nicht sicher).

  Magnesium kann die Kalzium-Verwertung verbessern. Der Boden in unseren Ländern ist oft an Magnesium verarmt, so daß die Pflanze (und auch das Getreidekorn) zu wenig Magnesium erhält. Die möglichst frühzeitige Einnahme von Magnesium ist daher sinnvoll, zumal Streß auch Magnesiummangel hervorrufen kann. Wenn ein Mädchen oder eine Frau schmerzhafte Regelblutungen hat, wenn die Blutungen zu lange dauern, wenn unregelmäßige Zyklen vorliegen, kann die Einnahme von Magnesium zusätzlich diese Zustände bessern (siehe auch S. 98)
- **Genügend körperliche Bewegung und Tätigkeit!** Jede Muskelbewegung fördert durch den Zug am Knochen den Kalkeinbau und die Festigkeit des Knochens.
- **Bitte nicht rauchen! Zumindest das Rauchen möglichst einschränken!** Rauchen hat etwas mit der Entkalkung des Knochens zu tun!
- Übermäßigen Alkoholkonsum vermeiden!

Tabelle 18: Nach Absetzen der „Pille“

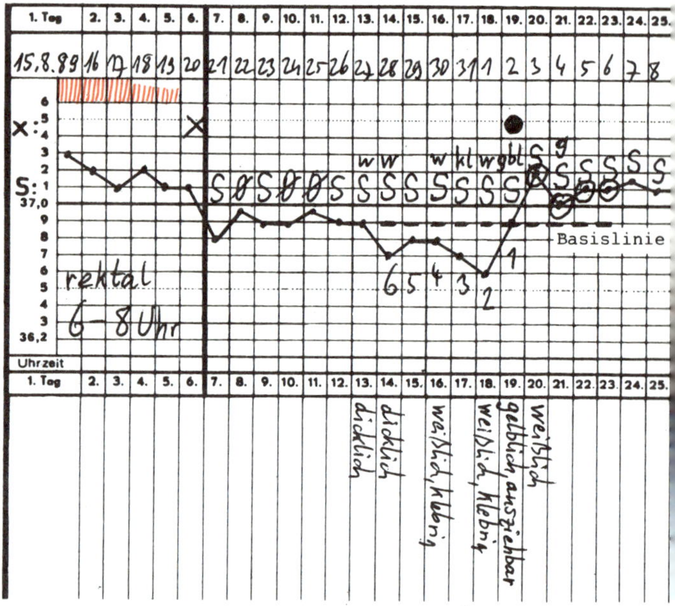

Mögliche Beobachtungen **während der Pilleneinnahme** sind am Ende des Textes zu **Tab. 1** (S. 13) beschrieben. Wer mit der „Pille“ aufhören will, soll die angebrochene Monats-Pillenpackung aufbrauchen; sonst kann es zu unregelmäßigem und schwer deutbaren Blutungen kommen.

Nach Absetzen der „Pille“ wird der **1. Tag** der eintretenden Blutung als **1. Tag** des Zyklus eingetragen und wie eine echte Menstruation gewertet. **Das Zeichen S tritt nach Absetzen der „Pille“ meist in „nicht so guter Qualität“ auf**: im Beispiel der **Tabelle 18**:

Zu **S** von „nicht so guter Qualität“ siehe Text zu **Tab. 3** (S. 25).

Zu den nachfolgenden Symbolen siehe **Anhang C** (S. 117):

w = weißlich-trüb (kann etwas klebrig sein),

kl = klumpig,

gbl = gelblich, mehr dünflüssig: hier noch die „relativ bessere Qualität“

g = deutlich gelb, mehr dicklich-klumpig.

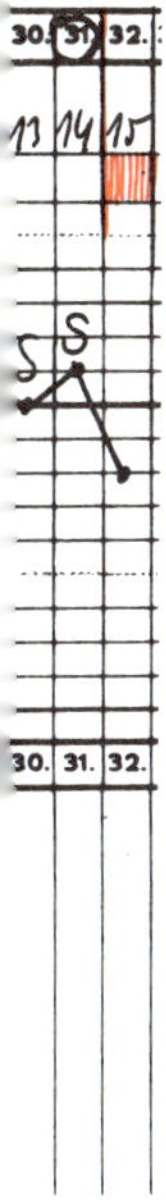

Zeichenerklärung:

Die Blutung, die in nebenstehender Tabelle unterhalb des gedruckten **1. Tages** aufscheint, ist der Eintritt jener Blutung, die für gewöhnlich einige Tage nach Absetzen der „Pille" auftritt. Bis einschließlich **Tag 6 darf aber nur dann Unfruchtbarkeit angenommen werden**, wenn eines der älteren hochdosierten Pillenpräparate eingenommen wurde. Es kommen nunmehr auch „Pillen" in den Handel, die immer weniger Inhaltsstoffe enthalten. Man verspricht sich dadurch eine Abnahme der zur Beobachtung kommenden gesundheitsschädlichen Nebenwirkungen. Bei dieser zunehmend geringer werdenden Dosierung der „Pille" ist folgendes zu beachten:

- Es kann unmittelbar nach Absetzen der „Pille" zu einem Eisprung und damit zu einer Schwangerschaft kommen.
- Unfruchtbarkeit nach Absetzen der „Pille" darf erst nach den im untenstehenden Text beschriebenen 4 „höheren" Messungen angenommen werden.
- Man soll bereits am Tag nach der letzten Pilleneinnahme mit der Temperaturmessung beginnen. Es könnte sein, daß einmal ausnahmsweise keine Blutung eintritt. Dann hat man zumindest fortlaufende Temperaturmessungen und das Ergebnis der Selbstbeobachtung.

Eine Beschreibung mit eigenen Worten erleichtert die persönliche Auswertung! Die Beifügung „ausziehbar" am 19. Tag gibt den Hinweis, daß hier der **Höhepunkt ●** gelegen ist (siehe Text zu **Tab.4**, S. 28). **Auch in derartigen S-Phasen** mit **w** und **gbl** ist das **Eintreten einer Schwangerschaft möglich**.

Die Anfängerin soll im ersten beobachteten Zyklus 4 „höhere" Messungen **nach dem Höhepunkt ●** abwarten, bevor eine unfruchtbare Zeit angenommen wird, und **täglich weitermessen**. Nach Absetzen der „Pille" kann in der Temperaturhochlage irgendein **S** weiterhin zur Beobachtung kommen, das aber gegenüber dem **Höhepunkt** von „weniger guter Qualität" ist (hier ist die Beschreibung mit eigenen Worten besonders wichtig!: „dünn-gelblich" ist besser als „weißlich-dicklich"; „weißlich-cremig" wäre besser als „dick-gelb"; usw.).

Es kann auch sein, daß ein Temperatuanstieg nicht erfolgt und sich selbst nach Monaten eine Menstruation nicht einstellt; dann sollten Sie Ihren Arzt fragen.

Selbstuntersuchung des äußeren Muttermundes

Der Halsteil der Gebärmutter (Zervix) ragt als halbkugelige Vorwölbung (manche Frauen sagen „wie ein kurzer Zapfen") in die Scheide. Dies ist der äußere Muttermund (Portio) mit der Öffnung des Halskanals (s. Abb. 4 u. 5, S. 52 u. 53).

- Abb. 7 mit Zeigefinger in der Scheide bei Selbstuntersuchung zeigt, wie die Fingerkuppe den äußeren Muttermund des Halsteiles der Gebärmutter (Zervix) tasten kann. Im Halsteil der Gebärmutter sind Nischen (Krypten) zu erkennen, in denen der Zervixschleim gebildet wird.
- Unterhalb der Scheide ist der Mastdarm zu sehen, oberhalb der Scheide die Harnblase mit der Harnröhre. Die Gebärmutter ist meist etwas nach vorne gekrümmt.

  Eine Frau kann nur schwanger werden, wenn dünnflüssiger Zervixschleim aus dem erweiterten Halskanal fließt. Wenn sich ein dicker, undurchdringlicher Schleim im engen Halskanal befindet, ist Empfängnis unmöglich.

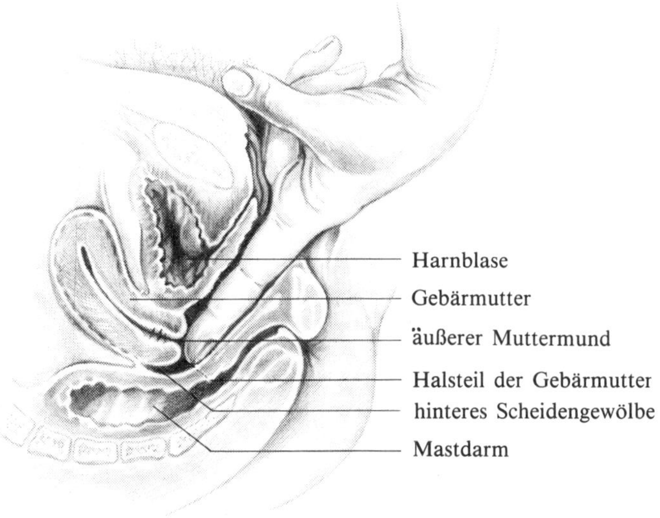

Abb. 7: Selbstuntersuchung (Auto-Palpation)
Finger tastet den äußeren Muttermund (Portio) im Liegen (das hintere Scheidengewölbe kommt hier besser zum Ausdruck; siehe Text nächste Seite). Leichter ist die Untersuchung in Hockstellung.

Wie wird die Selbstuntersuchung durchgeführt?

Im Hocken (z. B. am Bidet) oder im Liegen – oder wenn man ein Bein auf einen Stuhl stellt – führt man den Zeigefinger der einen Hand in die Scheide ein, am besten nach Entleerung der Blase. Die Fingernägel sollen kurz und die Hand gewaschen sowie mit Wasser gut abgespült sein (keine Seifenreste; kein Desinfektionsmittel verwenden, da dieses den Scheideneingang und das Scheideninnere reizt).

Die Faust der anderen Hand kann man in den Unterbauch pressen, um die Gebärmutter nach unten zu drücken. Der eindringende Finger kann zunächst die rauhe Oberfläche der Scheidenwand spüren (das sind schrägverlaufende Falten). Sobald es glatter wird, ist man im Scheidengewölbe oder am Muttermund, der als zapfenförmiges Gebilde oder als halbkugelige Vorwölbung zu tasten ist. In dessen Mitte kann man ein Grübchen, eine kleine Öffnung oder – bei einer Frau, die bereits geboren hat – eventuell einen unter Umständen narbig veränderten Schlitz tasten.

- Die Abb. 7 zeigt, daß man an der Portio vorbeirutschen und zwischen Zervix und Mastdarm (hinteres Scheidengewölbe) gelangen kann. Dann ist auf der einen Seite die weiche Wand zwischen Scheide und Mastdarm, auf der anderen Seite der härtere Muttermund. Man muß mit dem Finger etwas zurückgehen. Man kann am Muttermund auch dann vorbeirutschen, wenn eine „Knickung der Gebärmutter" nach hinten vorliegt; die Portio kann dadurch etwas mehr nach vorne oben verlagert sein. Übrigens, die übliche „Knickung" ist ein harmloser Nebenbefund, über den man sich keine Sorgen machen soll.

Wenn man Zeige- und Mittelfinger in die Scheide einführt und den Muttermund leicht ausdrückt, kann man den Beginn der Zervixschleimabsonderung entdecken, der für das Überleben der Samenzellen notwendig ist. Nach dem Herausziehen spreizt man die Finger und der typische Schleim könnte zwischen den Fingern zu sehen sein. Wenn ein Ausdrücken der Portio nicht möglich ist, kann man zumindest Größe und Konsistenz (z. B. hart oder weich) des Muttermundes beurteilen. An der Fingerkuppe kann dann jener Schleim gesehen werden, der vom äußeren Muttermund (Portio) abgenommen wurde.

Tabelle 19: Selbstuntersuchung

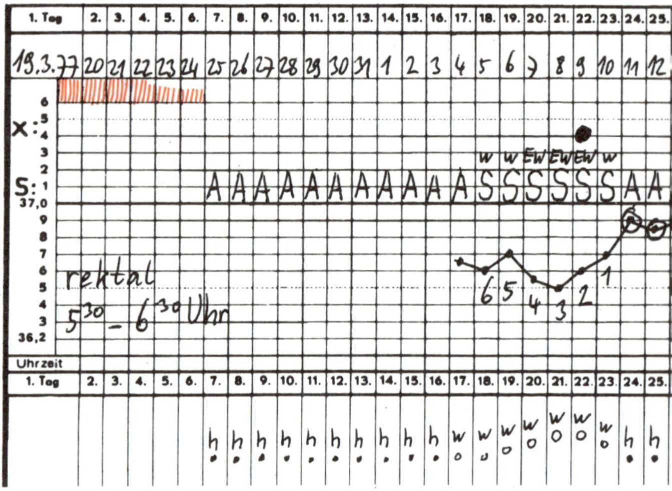

Man erlernt das Tasten des Muttermundes am besten gegen Ende der fruchtbaren Tage.

Frauen sind immer wieder beeindruckt, wie rasch sich hier der weiche Muttermund schließt und hart, ja knorpelhart wird. Dann kann man mit einiger Erfahrung die Veränderung des Muttermundes zu Beginn des Zyklus (vor den fruchtbaren Tagen) beurteilen.

In der Zeit des Lernens soll man den Muttermund täglich zur selben Tageszeit untersuchen. Die Gebärmutter und der äußere Muttermund können im Verlaufe des Tages ihre Lage etwas ändern. Nach einiger Zeit der Erfahrung bereitet diese Lageänderung für die Beurteilung des Muttermundes keine Schwierigkeit mehr.

- **Der Muttermund ist nach der Menstruation hart und geschlossen** (Ausnahme: sehr kurze Zyklen).
  Oft wird berichtet, daß nach der Menstruation die Öffnung nicht so dicht geschlossen und nicht so hart ist wie nach dem „Ovulationstermin", aber der Muttermund kann trotzdem als härter und dichter geschlossen beurteilt werden.
- **Sobald im weiteren Verlauf des Zyklus der Muttermund weicher und / oder die Öffnung weiter wird, muß auf jeden Fall der Beginn der fruchtbaren Tage angenommen werden.** Manche

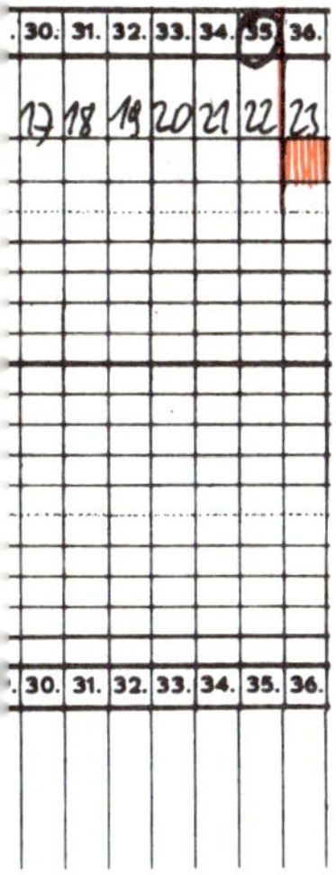

Zeichenerklärung:

Wenn eine Frau immer eine Art von „Ausfluß" hat, möge **A** eingetragen werden, bis **S** infolge einer Veränderung des Ausflusses beobachtbar wird. Wo in der nebenstehenden Tabelle **A** steht, werden andere Frauen entweder **t** oder **Ø** vermerken können. Wenn sich die Beobachtung des Zervixschleimes am Muttermund mit dem **S** am Scheideneingang deckt, ist eine zusätzliche Anmerkung beim Muttermund nicht notwendig.

Frauen können das Weicherwerden früher beobachten als das Weiterwerden. Andere wiederum berichten, daß sich der Muttermund zunächst seitlich an die Scheidenwand anlegt, ehe er weiter wird und/oder ansteigt. Die Öffnung kann dann so weit werden, daß der untersuchende Finger in den Halskanal hineinrutscht.

In der fruchtbaren Zeit kann der Muttermund nach oben verlagert sein, so daß er mit dem Finger schwer oder überhaupt nicht mehr erreicht wird. Danach wandert der Muttermund wieder tiefer und wird leichter tastbar.

■ **In der unfruchtbaren Zeit ist der Muttermund hart wie der Knorpel der Nasenspitze, in der fruchtbaren Zeit weich wie die Lippen mit einer weichen und weiteren Öffnung.**

Die Veränderungen des Muttermundes werden im untersten Anteil der Tabelle eingetragen:

- • ein Punkt gibt den harten und geschlossenen Muttermund an,
- ∘ o O o kleinste und etwas größere Kreise geben die Weite der Öffnung an; wenn der Muttermund nach oben wandert, werden die kleinen Kreise etwas höher eingetragen.

h steht für **h**art, **w** steht für **w**eich. Ein kleinster Kreis (fast wie ein Punkt) und **h** kann oft nach der Regelblutung stehen, da bei Zyklusbeginn die Öffnung nicht immer so dicht geschlossen ist wie nach dem „Ovulationstermin". Die **Tabelle 19** soll beispielsweise zeigen, wie hilfreich die Selbstuntersuchung bei einem Ausfluß **A** sein kann.

Weitere Eintragungen von Beobachtungen

Auf der dicken Linie für 37 Grad wird am Abend jenes Zeichen eingetragen, das für die äußerliche Beobachtung dieses Tages zutreffend ist. **Es kann sein, daß die Beobachtung am Muttermund von der äußerlichen verschieden ist;** dann soll eine zusätzliche Anmerkung beim Muttermund gemacht werden (siehe **Tabelle 19.1**, S. 96). Man möge bedenken, daß bei jedem Betasten des Muttermundes auch etwas Schleim mit dem Finger entnommen wird. Dann könnte es sein, daß der äußerliche Schleim verändert oder überhaupt nicht mehr vorhanden ist.

Eine eigene Anmerkung ist zur Wahrnehmung von **f** (siehe **Tab. 1.1**, S. 14) zu machen. Bei zusätzlicher Muttermunduntersuchung könnte es sein, daß manche Frau **f** nicht mehr beobachten kann. Dann wird es der Befund am Muttermund ermöglichen, den frühest möglichen Beginn der fruchtbaren Tage abzugrenzen. Es ist aber auch möglich, daß eine Frau während des Tages **f** empfindet und dann am Abend auch die ersten Veränderungen am Muttermund entdeckt.

Erfahrene Frauen berichten, daß sich die Scheidenwand beim Einführen des Fingers an einem Tag mit **f** anders anfühlt: die Wand ist weicher und fast wie etwas dicker und feucht angeschwollen. Auch das ist ein Frühzeichen des möglichen Beginns der fruchtbaren Tage.

Wer **f** nicht wahrnehmen kann, könnte am Muttermund die ersten Veränderungen für eine mögliche fruchtbare Zeit finden, während äußerlich noch **t** oder **Ø** vorhanden ist. Bei **Fehlen der Feinbeobachtung f** darf man daher b**ei nur äußerlicher Beobachtung nie** bis zum ersten Auftreten von **S** Unfruchtbarkeit annehmen.

Es kann weiters vorkommen, daß man am Muttermund bereits ein **S** der besonders fruchtbaren Tage („beste Qualität", siehe Text zu **Tab. 3**, S. 22) feststellt, während diese „beste Qualität" äußerlich nicht vorhanden ist. Dann ist wiederum eine getrennte Eintragung beim Muttermund einerseits und auf der dicken Linie für 37 Grad andrerseits vorzunehmen (siehe **Tab. 19.1**, S. 96).

Von Frauen wurde aber auch bereits der Vorschlag gemacht, im Falle der Muttermunduntersuchung die Eintragungen auf der dicken Linie für 37 Grad überhaupt wegzulassen und nur die am Muttermund erhobenen Befunde auch nur beim Muttermund einzutragen. Ein derartiges Vorgehen kann durchaus empfohlen werden. Es bleibt abzuwarten, inwieweit diese Art der Eintragung von den Frauen angenommen wird.

Wer glaubt, S am Scheideneingang überhaupt nicht beobachten zu können, wird es praktisch fast immer am Muttermund entdecken.

Kombiniertes Vorgehen bei der Selbstuntersuchung des Muttermundes

(Inwieweit man nur mit Hilfe des Muttermundes unfruchtbare Tage zu Beginn des Zyklus bestimmen kann, wird weiter unten besprochen)

- Solange an den Tagen nach der Menstruation der Muttermund geschlossen und hart ist, sind Temperaturmessungen nicht notwendig.
- Wenn der Muttermund weicher und/oder weiter wird, sollen Kontrollmessungen vorgenommen werden, um die tiefe Temperaturlage festzustellen.
- Falls hier weniger als 6 Messungen auf der Tieflage vorhanden sein sollten und sich die 3 „höheren" Messungen **nach dem Höhepunkt** nicht deutlich abheben, oder **wenn die Messung der Temperatur nicht möglich ist** (z. B. Nachtdienst, Erkrankungen, Überlastungssituation, Reisen besonders in andere Kontinente mit Zeitverschiebung), werden die fruchtbaren und unfruchtbaren Tage **allein mit Hilfe des Muttermundes** festgestellt.
  Es gibt erfahrene Frauen, die keine Temperaturmessungen mehr vornehmen und sich allein auf die Selbstuntersuchung des Muttermundes verlassen. Diese Vorgangsweise kann die Verläßlichkeit der sonst üblichen sympto-thermalen Methode erreichen.
- **Ab dem Abend des 3. Tages eines geschlossenen und harten Muttermundes besteht eine unfruchtbare Zeit.** Diese Bestim-

mungsmethode kann genau so verläßlich sein wie die üblichen 3 „höheren" Messungen nach dem Höhepunkt.
Bei verzögertem Temperaturanstieg läßt sich der Beginn der sicher unfruchtbaren Zeit mit Hilfe des Muttermundes früher feststellen als mit den 3 „höheren" Messungen.
Umgekehrt können in manchen Zyklen bereits 3 „höhere" Messungen vorhanden sein, während der Muttermund noch nicht 3 Tage hart und geschlossen ist. In derartigen Zyklen zeigen die 3 „höheren" Messungen den Beginn der sicher unfruchtbaren Zeit früher an als die Muttermunduntersuchung. In derartigen Zyklen ist es nicht notwendig, den 3. Tag eines geschlossenen und harten Muttermundes abzuwarten.

Wenn man aber nicht weiß, ob sich zugleich eine Temperaturhochlage ausgebildet hat, muß man den Muttermund weiterhin täglich bis zum Einsetzen der nächsten Menstruation untersuchen. Sollte der Muttermund neuerlich weicher und/oder weiter werden, ist sofort wieder eine möglicherweise fruchtbare Zeit anzunehmen. Ebenso wie es manchmal Zyklen mit zwei voneinander getrennten Phasen mit **S** gibt, kann sich der Muttermund im Verlaufe des Zyklus mehr als einmal öffnen und wieder schließen. Das zeigt nur eine vorübergehend erhöhte Östrogenproduktion von seiten der Eierstöcke an, die nicht unbedingt mit einem Eisprung verbunden sein muß.

Selbst eine Phase mit Zervixschleim der besten Qualität oder eine vorübergehende Öffnung des Muttermundes sind kein Beweis für eine stattgefundene Ovulation (siehe auch **Tab. 10** und **11**).

Wenn eine **Erkrankung** oder eine besondere **Überlastung (Streß)** in der **S**-Phase oder knapp danach vorliegt – bzw. an den Tagen mit einer offenen Zervix oder danach –, kann der gesamte Ovulationsvorgang unterbrochen werden und von neuem beginnen. In derartigen Situationen ist **die tägliche Selbstuntersuchung** von unschätzbarem Wert, da eine neuerliche Öffnung der Zervix den nächstmöglichen „Ovulationstermin" anzeigt. Die neuerliche Öffnung der Zervix ist eindrucksvoller als das neuerliche Auftreten von **S** am Scheideneingang, das erfahrungsgemäß oft übersehen wird. Frauen haben anscheinend eine derart starke Erwartung, daß nach der

S-Phase die Ovulation abgelaufen sein muß, daß sie auf die mögliche neuerliche **S**-Phase nicht genügend achten.

- **Dazu kommt, daß eventuell vorhandene Temperaturwerte infolge der Erkrankung oder der Streß-Situation gerade nur soweit erhöht sein können, daß eine Temperaturhochlage vorgetäuscht wird.** Man müßte allerdings erwarten, daß das vorhandene Krankheitsgefühl und die bewußt gewordene Streß-Situation eine derartige Ausnahme-Situation erkennen lassen und vor einer Fehldeutung der Temperatur schützen. Noch besser ist es aber, in derartigen Situationen die Untersuchung des Muttermundes vorzunehmen, welche die verwirrende Situation klären kann.

- **Wenn das belastende und störende Ereignis am Ende des mutmaßlichen „Ovulationstermins" gegeben ist, muß man besonders sorgfältig vorgehen.**

Bei einem normal ablaufenden Zyklus ohne Erkrankung und ohne Streß kann man nach 3 „höheren" Messungen mit der Untersuchung des Muttermundes aufhören. Frauen, welche aus Interesse den Muttermund weiterhin täglich untersuchen, können in manchen Zyklen beobachten, daß der Muttermund inmitten der Temperaturhochlage kurzfristig etwas weiter wird und auch irgendein **S** gewonnen werden kann. Das hat in der ausgebildeten Temperaturhochlage keine weitere Bedeutung.

- Eine Erklärung dieses Phänomens soll an Hand der Abb. 3 auf Seite 51 versucht werden. Der Gelbkörper produziert nicht nur das Gelbkörperhormon, das bekanntlich zur Temperaturerhöhung führt, sondern auch neuerlich eine bestimmte Menge Östrogene. Das Verhältnis von Gelbkörperhormon und Östrogen in der Gelbkörperphase ist nicht in jedem Zyklus gleich. Wir haben es mit Biologie zu tun und nicht mit einem computergesteuerten Ablauf. Wenn nun in der Gelbkörperphase einmal relativ mehr Östrogene produziert werden, kann dies zu einer vorübergehenden Öffnung des Muttermundes mit etwas Zervixschleim führen. Es ist dies aber kein Zeichen einer Fruchtbarkeit, und es ist dem daher keine Bedeutung beizumessen.

Daher ist es auch möglich, daß bei nur äußerlicher Zervixschleimbeobachtung in manchen Zyklen inmitten der Temperaturhochlage ein **S** einer meist schlechteren Qualität beobachtet werden kann, was ebenfalls ohne Bedeutung ist. **Liegt aber keine Temperaturmessung vor,** die eine Hochlage anzeigt, dann wird man bei der alleinigen Muttermunduntersuchung (oder auch nur äußerlichen Zervixschleimbeobachtung) vorsichtshalber mit der Möglichkeit rechnen müssen, daß die fruchtbare Zeit noch nicht abgelaufen ist, sondern vielleicht jetzt erst zu erwarten ist. Sobald der Muttermund dann wieder 3 Tage hart geschlossen ist, darf hingegen neuerlich eine unfruchtbare Zeit angenommen werden.

Unfruchbare Tage zu Beginn des Zyklus

Wenn man zu Beginn des Zyklus mit Hilfe der Untersuchung des Muttermundes möglichst viele unfruchtbare Tage herausarbeiten will, muß mit der Muttermunduntersuchung rechtzeitig begonnen werden. Bei Neigung zu sehr kurzen Zyklen kann es notwendig sein, bereits am 5. Tag des Zyklus zu beginnen, selbst wenn noch eine leichte Blutung vorhanden sein sollte. Dabei kann dann der Muttermund noch etwas geöffnet und weicher sein (während der Regelblutung ist die Zervix etwas offen). Manche Frauen beginnen mit der Selbstuntersuchung noch früher, also inmitten der ablaufenden Menstruation.

- Selbst wer nicht zu kurzen Zyklen neigt, sollte ab dem 6. oder 7. Zyklustag beginnen. Man darf **niemals automatisch** annehmen, daß zu Beginn des Zyklus eine bestimmte Zahl von Tagen unfruchtbar ist.

- Man darf aber zu Zyklusbeginn für gewöhnlich unfruchtbare Tage annehmen, solange der äußere Muttermund **in der für die betreffende Frau typischen Art und Weise hart** und **geschlossen** ist. Wenn diese Feststellung möglichst verläßlich sein soll, dann muß die Untersuchung des äußeren Muttermundes jeweils möglichst knapp vor dem ehelichen Verkehr vorgenommen werden.

Die geringste Veränderung im nachfolgenden Sinne kann den Beginn der fruchtbaren Tage anzeigen:
- Muttermund verlagert sich etwas seitlich (und kann etwas höher steigen) oder/und
- Muttermund wird etwas weicher oder/und

- Muttermund wird etwas weiter oder / und
- am Muttermund findet sich etwas Feuchtigkeit, die vorher nicht vorhanden war (bei manchen Frauen findet sich in der Gegend des Muttermundes immer etwas Feuchtigkeit, die dann belanglos ist),
  und / oder
- der Muttermund ist in seiner Richtung oder/und Lage etwas verändert (steigt in der fruchtbaren Zeit meist etwas höher und ist dadurch schwerer oder überhaupt nicht mehr erreichbar).

Wenn der Muttermund mit dem Finger **nur betastet** wird, kann es sein, daß zu Beginn des Zyklus **X** am letzten Tag eines sich hart anfühlenden und noch geschlossenen Muttermundes zu einer Schwangerschaft führt. Wenn ein derartiges Ereignis zur Beobachtung kam, dann war am darauffolgenden Tag der Muttermund etwas weicher und etwas weiter.

Derartige Schwangerschaften sind aber sehr selten.

Um selbst derartige sehr seltene Schwangerschaften zu vermeiden, hat sich folgende Art der Untersuchung sehr bewährt:

■ Nach Einführen von Mittel- und Zeigefinger in die Scheide sollte man versuchen, die halbkugelige Vorwölbung des Muttermundes mit den Fingerkuppen leicht auszudrücken. Selbst wenn sich die Zervix für den tastenden Finger noch hart und geschlossen anfühlt, kann man manchmal nach dem Herausziehen der Finger bereits etwas Schleim zwischen den Fingern feststellen, der den Beginn der fruchtbaren Zeit anzeigen kann.

Der gewonnene Schleim soll mit eigenen Worten beschrieben werden. Wenn nur wenig dicker und zäher (eventuell cremiger) Schleim gefunden werden kann, ist höchstwahrscheinlich noch kein fruchtbarer Tag gegeben. In dieser Beziehung sollte aber jede Frau zuerst ihre eigene Erfahrung machen, wie ein derartiger Schleim zu bewerten ist. Diese Erfahrung läßt sich z. B. unschwer in einer Zeit gewinnen, da man zu einem späteren Zeitpunkt ohnehin schwanger werden will. Um eine verwertbare Aussage machen zu können, sollte man aber mindestens ein Jahr lang in diesem Sinne experimentieren.

Man kann auch sofort von der Annahme ausgehen, daß ein dicker und zäher Schleim noch immer Unfruchtbarkeit anzeigt. Es gibt Frauen, die nach diesem Grundsatz vorgehen und die minimale Wahrscheinlichkeit, schwanger werden zu können, in Kauf nehmen.

Wenn bei hartem und geschlossenem Muttermund kein Schleim und keine feuchte Absonderung gewonnen werden kann, ist noch eine unfruchtbare Zeit anzunehmen.

Es ist wichtig, immer nur einen weiteren zusätzlichen Tag als unfruchtbar anzunehmen, wenn es eben auf Grund eines harten und geschlossenen Muttermundes, aus dem nichts herausgedrückt werden kann, möglich ist. So kann man sich langsam in den Zyklus hinein vortasten. Die Grenze zum ersten fruchtbaren Tag kann von Zyklus zu Zyklus verschieden sein, selbst bei ein- und derselben Frau.

Frauen, die zu längeren Zyklen neigen, bekommen mit der Zeit eine gewisse Erfahrung, bis zu welchen Veränderungen ihr Muttermund eine unfruchtbare Zeit angibt. Interessanterweise hören die Eintragungen des Zeichens **X** sehr oft wenige Tage vor den ersten in der Tabelle eingetragenen Veränderungen auf. Es scheinen für manche Frauen geringstgradige Veränderungen festzustellen zu sein, die in den Aufzeichnungen nicht erfaßbar sind, z. B.

- Scheide fühlt sich beim Eingehen feuchter an,
- der Muttermund hat sich seitlich verlagert.

Wenn das Ausdrücken des Muttermundes gelingt, dann wird dies mit einem eigenen Zeichen **V** („die beiden Finger können den Muttermund ausdrücken“) unterhalb des Zeichens für den Muttermund angegeben. Ein eventuell gewonnener Schleim wird darunter angeführt:

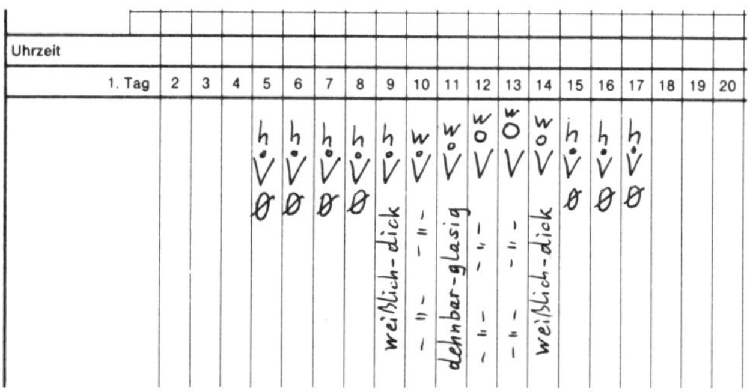

- Wie wichtig die Muttermunduntersuchung bei einer **Erkrankung** oder bei **Streß** sein kann, wurde bereits oben angeführt. Von weiterem besonderem Wert hat sich die Muttermunduntersuchung **in der Stillzeit** und **in den Wechseljahren** erwiesen. Sie kann in diesen Lebensabschnitten als zusätzliche Untersuchung herangezogen, aber auch über längere Zeiträume als **alleinige sehr verläßliche Vorgangsweise** eingesetzt werden.

Allgemeine Bemerkungen zur Selbstuntersuchung der Zervix

Was über die Selbstuntersuchung des äußeren Muttermundes gesagt wurde, soll als reine Information angesehen werden. Es bleibt selbstverständlich jeder Frau überlassen, ob sie diese Untersuchung durchführen will oder nicht. Es soll sich keine Frau gedrängt fühlen, diese Untersuchung unbedingt vornehmen zu müssen.

Es darf aber eigens darauf hingewiesen werden, daß die Möglichkeit dieser Selbstuntersuchung im Rahmen meines Beratungsdienstes von Frauen selbst entdeckt und mit großer Begeisterung weitererzählt wurde. Als mir vor etwa 30 Jahren Frauen zum ersten Mal davon erzählten, konnte ich es anfangs kaum glauben, daß derartige Beobachtungen möglich sind. Erst mehrere Jahre später wurde mir bekannt, daß der New Yorker Gynäkologe Dr. Edward F. Keefe bereits 1962 die Selbstuntersuchung in einer eigenen Arbeit beschrieben hatte[13].

Anläßlich einer Tagung in den USA im Sommer 1979 erfuhr ich in einem persönlichen Gespräch mit einer eingeborenen schwarzen Krankenschwester aus Ostafrika – sicherlich war ich der erste Weiße, der davon erfuhr –, daß dort das Wissen um die Selbstuntersuchung der Zervix von der Mutter an die Tochter weitergegeben wird, sobald diese heiratet. Dies ist ein streng gehütetes Geheimnis unter Frauen: Die Frau ist unfruchtbar, wenn die Zervix hart und geschlossen ist; wenn der Muttermund weich wird und sich öffnet, kann eine Frau schwanger werden.

Bei einem internationalen Kongreß über Natürliche Empfängnisregelung in Hongkong im November 1983 traf ich dieselbe Krankenschwester wieder. In Gegenwart mehrerer Zuhörer ließ ich von ihr dieselbe Geschichte nochmals erzählen. Bei dieser Gelegenheit sagte sie uns auch, wie der Muttermund in der Eingeborenensprache heißt. Die wörtliche Übersetzung lautet „Wasserhahn". Wenn der „Wasserhahn" offen ist und rinnt, dann kann man schwanger werden. Ist er geschlossen und trocken, dann ist man unfruchtbar ...

Inzwischen habe ich Berichte auch aus anderen Teilen Afrikas und Asiens erhalten, daß in bestimmten Kulturen diese Selbstuntersuchung seit langem bekannt und üblich ist. Daneben gibt es andere Gebiete, in denen man die Selbstuntersuchung nicht lehren wird, weil der kulturelle Hintergrund ein anderer ist. Man kann aber keineswegs von vornherein sagen, daß die Selbstuntersuchung gegen die Würde der Frau sei und der Natürlichen Empfängnisregelung einen schlechten Ruf einbringe.

Wenn man Frauen, die bereits Erfahrung mit der Selbstuntersuchung haben, diesbezüglich befragt, kann man immer wieder hören, daß diese Selbstuntersuchung in ganz unbefangener Weise vorgenommen werden kann. Die Selbstuntersuchung kommt auch nicht einmal in die Nähe eines masturbatorischen Aktes, wie manche – besonders männliche – Kollegen zu befürchten scheinen. Was ist z. B., wenn der Frau ein Diaphragma oder eine Portiokappe angepaßt wird und der Kollege die Frau unterweist, mit dem Finger nachzutasten, ob das Diaphragma oder die Portiokappe auch richtig vor der Zervix liegt? Diese Kontrolle muß unter Umständen einige Male am Tag vorgenommen werden. Was ist, wenn der Frau die Spirale eingesetzt wird und sie nach der Menstruation durch Betasten des Muttermundes feststellen soll, ob der Faden der Spirale noch vorhanden ist und sie die Spirale nicht verloren hat? Hier bestehen offensichtlich keine Einwände von seiten der Kollegenschaft.

Immerhin sind Frauen geradezu begeistert von den Möglichkeiten, welche die Selbstuntersuchung hinsichtlich einer genaueren Umgrenzung der fruchtbaren Tage bietet. Interessanterweise entscheiden sich die verheirateten jungen Frauen in ihrer Mehrzahl für diese zusätzliche Selbstuntersuchung, oder sie führen diese nur mehr allein durch. Wie verläßlich dies unter bestimmten Voraussetzungen sein kann, wurde bereits weiter oben erwähnt.

Andererseits gibt es Frauen, welche mit Hilfe der in der **Tabelle 1.1** beschriebenen Feinbeobachtung die fruchtbaren Tage ebenso streng eingrenzen können wie andere Frauen mit der Muttermunduntersuchung, jedoch für die Festlegung des Beginns der sicher unfruchtbaren Zeit auf jeden Fall die Temperaturmessung heranziehen. Es sind dazu zumindest jene 3 „höheren" Messungen notwendig, wie es in Tabelle 8 beschrieben ist. Dabei kann die erfahrene

Frau auch jenseits des 6. Zyklustages unfruchtbare Tage bestimmen. Damit stehen innerhalb der Natürlichen Empfängnisregelung einige Vorgangsweisen zur Verfügung, unter denen jede Frau wählen kann, was ihr am besten zusagt.

Eine erfahrene Frau hat nach einem Urlaub in ihre nachträglich angefertigten Aufzeichnungen folgende Anmerkung gemacht: „In Urlaub gefahren, Klimawechsel, Tabelle und Thermometer vergessen, Gott sei Dank ist die Zervix angewachsen."

Der bereits erwähnte New Yorker Gynäkologe Dr. Keefe nennt die Zervix ein eingebautes biologisches Testsystem, das jederzeit abgelesen werden kann.

Tabelle 19.1: Höhepunkt am Muttermund

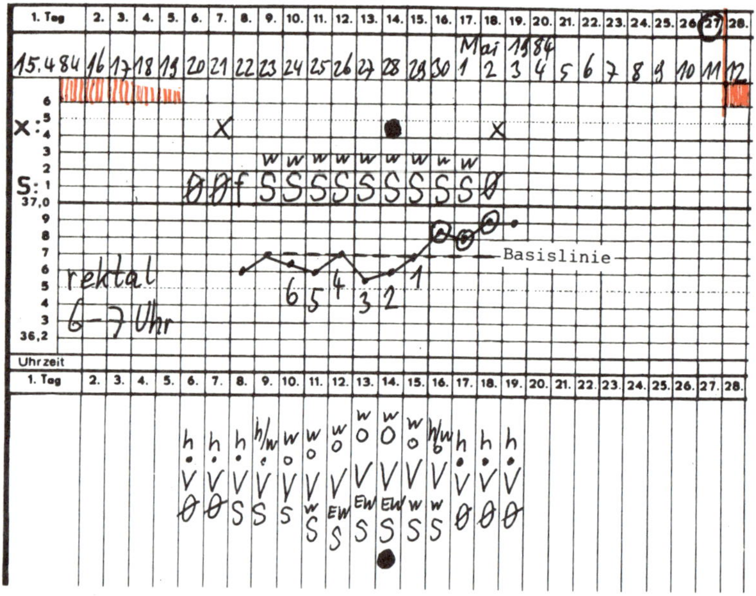

Bei täglicher Untersuchung des Muttermundes mit zwei Fingern und Entnahme von Schleim wird das äußerlich zu beobachtende S gegenüber dem S am Muttermund meist verändert und verschieden sein. Es kann geschehen, daß S-EW am Muttermund gewonnen werden kann, während äußerlich zum Teil kein S-EW mehr feststellbar ist.

Bei derartigen verschiedenen Befunden wird der Schleim-Höhepunkt ● am Muttermund bestimmt, am Muttermund eingetragen und dann auch oben an der üblichen Stelle gekennzeichnet.

In **Tabelle 19.1** besteht äußerlich eine lange Phase mit **S-w**, die in den Temperaturanstieg hineinreicht. Hingegen ist am Muttermund der **Höhepunkt ●** am 14. Tag deutlich zu erkennen. Am 14. Tag ist der letzte Tag mit **S-EW** und ein weit offener Muttermund. Dieser hier gekennzeichnete **Höhepunkt ●** wird zusätzlich oberhalb von **S-w** eingetragen. Die zu umrandenden 3 „höheren" Messungen liegen dann am 16., 17. und 18. Tag. Ab dem Abend des 18. Tages besteht eine sicher unfruchtbare Zeit.

Zeichenerklärung:

h/w = wurde von mitarbeitenden Frauen eingeführt, die damit ausdrücken wollen, daß der Muttermund sich beim Betasten weder in der üblichen Weise hart noch weich anfühlt, sondern zwischen den Befunden „hart" und „weich" einzustufen ist.

In diesem Beispiel gibt die 3. „höhere" Messung nach unseren Regeln den Beginn der sicher unfruchtbaren Zeit früher an als der Muttermund, der noch nicht 3 Tage hart und geschlossen ist. Wenn umgekehrt noch nicht die notwendigen „höheren" Messungen nach unseren Regeln gegeben wären und der Muttermund bereits 3 Tage hart und geschlossen wäre, läßt sich die sicher unfruchtbare Zeit mit Hilfe des Muttermundes früher bestimmen.

Frauen, die aufgrund ihrer Erfahrung nur mehr die Untersuchung des Muttermundes vornehmen, geben an, daß der Muttermund in der Gelbkörperphase besonders hart, fest und geschlossen ist – wie sonst nie im Zyklus. So kann man geradezu von einem „Gelbkörper-Muttermund" sprechen.

Eigene Kennzeichnung des „Gelbkörper-Muttermundes"

Teilnehmerinnen an Ausbildungskursen über NER regten an, den „Gelbkörper-Muttermund" mit einem eigenen Zeichen zu kennzeichnen. Am meisten Zustimmung fand der Vorschlag, anstelle des Kleinbuchstabens **„h"** für sozusagen gewöhnlich hart den Großbuchstaben **„H"** für diesen außerordentlich harten und fest geschlossenen Muttermund der Gelbkörperphase zu verwenden. Wenn eine Frau imstande ist, diese Ausprägung des Muttermundes zu ertasten, weiß sie auch ohne Temperaturmessung, daß sie sich in der Temperaturhochlage befindet.

Unregelmäßiger Zyklus

Für Frauen mit unregelmäßigen Zyklen ist eine gute Zyklusbeobachtung besonders wichtig. Durch diese Beschäftigung mit dem eigenen Zyklus kann dieser nach einiger Zeit von selbst regelmäßiger werden.

So sollte man nie sagen, man könne wegen unregelmäßiger Zyklen die Natürliche Empfängnisregelung (NER) nicht durchführen. Dazu kommt, daß man selbst weiterhin unregelmäßig ablaufende Zyklen mit Hilfe der in diesem Buch angegebenen Regeln meistens auswerten kann.

Was könnte unregelmäßige Zyklen mitverursachen?

- Besteht eine Überlastungssituation, Streßsituation? (körperlicher oder seelischer Art?) Liegt Schlafmangel vor? Steht zu wenig Erholungszeit zur Verfügung?
- Liegen Mängel in der Ernährung vor? Sehr gute Erfolge können mit Vollwerternährung erzielt werden.

Neben der Verbesserung der erwähnten Lebensumstände sind folgende einfache Maßnahmen zu empfehlen:

- Einnahme von **Magnesium** (in Tablettenform oder als lösliches Granulat) kann wirksam sein; es wird in jüngster Zeit auch zur Streßbewältigung eingesetzt; es kann auch schmerzhafte Regelblutungen beseitigen.
- Ein bestimmtes pflanzliches Mittel, ein Extrakt aus Fructus Agni casti (**Pfefferkorn**), hat sich sehr bewährt. Agnucaston, Castufemin oder Agnolyt in Deutschland, Agnumens in Österreich. Sprechen Sie bitte darüber mit Ihrem Arzt und studieren Sie den Beipacktext. Dieses Extrakt ist auch bei **Kinderwunsch** günstig; es wirkt ovulationsauslösend. Man muß dieses Mittel aber lange genug einnehmen, da es seine Wirkung nur langsam entfaltet.
- Total finsteres Schlafzimmer ist günstig. Licht im Schlafzimmer und Lichteinfall kann ein Streß-Faktor sein und zu unregelmäßigen Zyklen führen. Milde Beleuchtung in langen **S**-Phasen (aber nur während der **S**-Phase) kann diese verkürzen.

Die „Pille“ ist zur Zyklusregelung ungeeignet. Während der Pilleneinnahme treten regelmäßige Blutungen auf, nach Absetzen der „Pille“ kommt der unregelmäßige Zyklus wieder, er kann sogar noch unregelmäßiger werden. In ausgewählten Fällen kann eine gezielte Hormontherapie helfen, über die im einzelnen entschieden werden müßte.

Anmerkungen zu Verläßlichkeit und Terminologie

Nach Spieler und Thomas (USA) (1989)[36, S. 133], zwei Experten der Familienplanung, sind die Methoden der Natürlichen Familienplanung (NFP) in sich selbst keine Methoden der Empfängnisverhütung oder Kontrazeption. Aufgrund von natürlichen Zeichen wird eine Bestimmung der fruchtbaren und unfruchtbaren Tagen ermöglicht, so daß man entweder eine Schwangerschaft anstreben oder vermeiden kann. Zum Vermeiden einer Schwangerschaft sollten ausreichende Gründe vorliegen, wie dies im Begriff der verantwortlichen Elternschaft zum Ausdruck kommt.

Das Unterlassen des ehelichen Verkehrs an den fruchtbaren Tagen ist keine „Empfängnis**verhütung**“, da keine aktive Verhütungsmaßnahme gesetzt wird. Die Verwendung des Ausdrucks „**Natürliche** Empfängnis**verhütung**“ ist daher bereits vom Sinn der Sprache her nicht richtig. Wir sprechen ganz allgemein von **Natürlicher Empfängnisregelung (NER)** und bevorzugen diesen Ausdruck gegenüber dem Begriff „Natürliche Familienplanung“ (NFP). Das Wort „Planung“ erscheint uns zu technisch und erweckt den Eindruck, als ob im Leben alles machbar wäre. Da derzeit bereits 10–15 % aller Paare ungewollt kinderlos bleiben, zeigt sich, wie wenig eine Schwangerschaft eigentlich „geplant“ werden kann. Beim Begriff NER schwingt eine gewisse Verantwortlichkeit mit. Man könnte dies mit „verantwortlicher NER“ verstärkt zum Ausdruck bringen.

Unter dem Sammelnamen **„Geburtenkontrolle“** sollen alle Methoden der Empfängnisverhütung und der Abtreibung (dazu gehören auch die sogenannten „Nidationshemmer“, siehe Text zu Tab. 1) verstanden werden. Wenn die Notwendigkeit besteht, daß eine Empfängnis nicht eintreten darf, dann ist zu bedenken, daß unter allen Methoden der Geburtenkontrolle keine Methode existiert, die eine Zuverlässigkeit von 100 % hat (siehe Abb. 8, S. 101).

Das muß mitberücksichtigt werden, wenn man die **Verläßlichkeit der Natürlichen Empfängnisregelung** richtig würdigen will:

- Wenn eine Schwangerschaft auf keinen Fall eintreten soll, dann darf ehelicher Verkehr überhaupt **nur an den sicher unfruchtbaren Tagen** sein (**Tabelle 5**, S. 31); **es muß täglich weitergemessen**

werden; sobald die Temperatur von der Hochlage absinkt, zeigt sich das Ende des Zyklus: S. 31 u. 41. Um einen subjektiven Irrtum in der Auslegung zu vermeiden, soll erst nach Vorliegen von **4 „höheren" Messungen nach unseren Regeln** eine absolut unfruchtbare Zeit angenommen werden – als reine Vorsichtsmaßnahme. Bereits bei Einhaltung unserer Original-Regeln ist in der Temperaturhochlage in den im eigenen Beratungsdienst aufliegenden etwa 200 000 Zyklen bisher noch nie eine Schwangerschaft eingetreten. Diese Vorgangsweise hat sich daher – so unwahrscheinlich dies auch in biologischer Hinsicht klingen mag – praktisch als **100% zuverlässig** erwiesen. **Zu Beginn des Zyklus gibt es keine 100%ig unfruchtbaren Tage.**

- Die Annahme der **Unfruchtbarkeit der ersten 6 Zyklustage** (unter den bekannten Voraussetzungen, siehe **Tabelle 2** und **7**) ist sehr verläßlich (weniger als „eine Schwangerschaft auf 6000 Zyklen"[29, 32], das ist ein Pearl-Index von weniger als 0,2, bzw. eine **Verläßlichkeit von mehr als 99,8%**). Das liegt in derselben Größenordnung wie der Pearl-Index der besten Pillenpräparate (siehe Abb. 8). Der Pearl-Index gibt an, wie viele Schwangerschaften bei 100 Ehepaaren in einem Jahr bei Verwendung einer bestimmten Methode auftreten (in dieser Form nicht ganz exakt, der Index sollte auf „100 Frauenjahre" bezogen werden).
- Bei Bestimmung von **zusätzlich** unfruchtbaren Tagen zu Beginn des Zyklus wurde in Untersuchungsreihen des eigenen Beratungsdienstes ein Pearl-Index von 0,9 gefunden, also kleiner als 1[32] (insgesamt mehr als 30 000 Zyklen bei mehr als 1000 Frauen). Darin sind die Anwendungsfehler eingeschlossen. Theoretisch sind die in diesem Buch angeführten Bestimmungsmöglichkeiten auch hier fast fehlerfrei. Damit wird in der praktischen Anwendung die Verläßlichkeit der lokal anzuwendenden Verhütungsmittel bei weitem übertroffen, und sie ist besser als die Verläßlichkeit der Spirale (die kein Verhütungsmittel ist, sondern zu Frühabtreibungen führt).

Die praktischen Erfahrungen ungezählter Ehepaare haben gezeigt, daß die Natürliche Empfängnisregelung nicht bloß eine Methode unter anderen ist, sondern zu einem ganz bestimmten Lebensstil wird[37]. Sie ist auch keine „Verhütungsmethode". Deshalb ist die Verläßlichkeit der Natürlichen Empfängnisregelung (NER) oben in einem eigenen Abschnitt herausgearbeitet worden. Die Abbildung 8 bringt die entsprechenden Zahlen zur **Geburtenkontrolle**.

Abb. 8: Zuverlässigkeit von Methoden der Geburtenkontrolle

(Quellen: Prof. Dr. Gerd K. Döring[6, S. 56 f. und Tabelle 23]. Wulf und Schmidt-Matthiesen[43, S. 141 f.]. Kondom, Diaphragma, Creme usw. heißen auch „Barrieremethoden").

Versagerquote = Pearl-Index (Schwangerschaften auf 100 Anwendungsjahre)	
Coitus Interruptus („Aufpassen", „Rückzieher")	10–25
Kondom	3
Scheidendiaphragma + Creme (Spermizid)	4
„Spirale"	3,5
„Spirale" mit Kupferzusatz	1,6
Vaginaltabletten	7
Vaginalcreme	8
Schaum-Spray	7,6
Schaum-Ovulum	5
„Pille"	0,2–0,8
„Minipille" (sehr wenig in Verwendung, in der Tabelle bei Prof. Döring[6] nicht einmal angeführt)	0,9–3,1
Operative Sterilisation: 3–10 Schwangerschaften auf 1000 sterilisierte Frauen[43, S. 328].	

Da alle lokal anzuwendenden Verhütungsmaßnahmen nicht ausreichend verläßlich sind, dürfen sie nicht an den fruchtbaren Tagen als eine Art „Überbrückung" angewendet werden (siehe Text zu **Tab. 12**). Dann versagt eben nicht die NER, sondern die angewandte empfängnisverhütende Maßnahme, und belastet zu Unrecht die gesamte NER.

Einige Bemerkungen zur Geschichte der NER

Eine Darstellung der Entwicklung moderner Methoden der Natürlichen Empfängnisregelung (NER) und deren physiologischer Grundlagen findet sich in dem umfangreichen Werk von Frank und Raith (1985, 1994)[7]. Ziegler (1990)[44] bringt nach einem kurzen geschichtlichen Abriß einen Überblick über damit im Zusammenhang stehende ethische Fragen. Im nachfolgenden können nur sehr lückenhaft einige Punkte der geschichtlichen Entwicklung herausgegriffen werden.

Die modernen Formen der Natürlichen Empfängnisregelung (NER) sind ohne die wissenschaftlichen Vorarbeiten des Österreichers Prof. Dr. Hermann Knaus[15, 16, 17] und des Japaners Prof. Dr. Kyusaka Ogino[23, 24] nicht denkbar. Die „Methode Knaus-Ogino" arbeitet nur mit Rechenregeln und hatte bei halbwegs regelmäßigen Zyklen keine schlechten Ergebnisse. Daß diese Rechenregeln in der heutigen Zeit nicht mehr empfohlen werden dürfen, soll die großen Verdienste dieser beiden Forscher keineswegs schmälern.

Erste eigene Erfahrungen („sympto-thermale Methode")

Wie bereits auf S. 7 angeführt, begannen 1951 die ersten eigenen Erfahrungen mit NER. Die eigene Vorgangsweise ist die erste kombinierte und voneinander abhängige Auswertung von Zervixschleim und Aufwachtemperatur und ist somit – von der Sache her gesehen – die erste **echte sympto-thermale Methode**[7 (1994), S. 10; 43, S. 166]. 1965 erschien hierüber das erste eigene Buch[25] zur praktischen Anwendung und 1968[26] die erste medizinische Arbeit.

Der Name „sympto-thermale" Methode war damals nur im Ausland üblich. Man verstand hierunter die Möglichkeit, daß manche Frauen bei genauer Beobachtung „Symptome" als angebliche „Zeichen des Eisprungs" beobachten könnten, wie z. B. „Ausfluß" (besser als verflüssigter Zervixschleim zu bezeichnen) und Schmerzen im Unterleib; diese Beobachtungen sollte man eintragen. Es muß darauf hingewiesen werden, daß der Ausdruck „Zeichen des Eisprungs" irreführend ist, da diese Zeichen wohl im Zusammenhang mit einem Eisprung auftreten können, aber für einen tatsächlich erfolgten Eisprung nicht beweisend sind. Es ist daher ein schwerwiegender Irrtum, wenn manche Frauen sagen, daß sie ihren Eisprung „spüren" könnten („Mittelschmerz" ist nicht verläßlich). Derartige Annahmen können zu überraschenden Schwangerschaften führen.

Wenn dann diese subjektiven Zeichen bei der Temperaturmessung (das ist mit „thermal" gemeint) mit dem Temperaturanstieg irgendwie zusammenpaßten, wurde trotzdem nur eine **alleinige Temperaturauswertung** gemacht. Der New Yorker Gynäkologe Keefe (1949)[12] war wohl der erste, der einen derartigen Hinweis gab. Anleitungen gleicher Art fanden sich auch im deutschsprachigen Schrifttum, wie z.B. bei Hubert Hillebrand (1962)[9], Holt (1959)[10], Indago-Egenter (1952, 1964)[11] – Indago ist Pseudonym für August Wilhelm von Eiff –, d.h. also Anleitungen, die keine Regeln angaben, wie Zervixschleim und Temperatur miteinander zu verbinden sind. Der holländische Gynäkologe Holt (Buch in deutscher Übersetzung 1959)[10] gab eine geradezu geniale Temperaturregel an (siehe später), die aber kaum beachtet wurde. Ansonsten wurden zum Teil kaum erfüllbare Regeln aufgestellt, oder es herrschte Unsicherheit, um nicht zu sagen Hilflosigkeit, bei der Auswertung von Temperaturkurven, die nicht den erwarteten steilen Temperaturanstieg (nicht einen „Temperatursprung") aufwiesen.

Die Anfänge der Temperaturmethode

Der erste, der bereits 1929/30 die Idee hatte[8], die Temperaturmessung in den Dienst der Geburtenregelung zu stellen, war der katholische Landpfarrer Wilhelm Hillebrand[9]; 1959 erhielt er den Dr. med. h.c. der Kölner Universität[22]. Prof. Döring hat in seiner Arbeit 1950[4] Temperaturaufzeichnungen von Wilhelm Hillebrand mitverwertet. Von Döring wurde die Temperaturmessung durch einen erstmals 1954 publizierten Leitfaden weiten Kreisen bekannt gemacht, der ab 7. Auflage 1968 den Titel „Die Temperaturmethode zur Empfängnisverhütung"[5] hat. Leider hat die gynäkologische Literatur im allgemeinen noch nicht zur Kenntnis genommen, daß NER an sich nicht „Empfängnis**verhütung**" ist (siehe in diesem Buch Kapitel „Anmerkungen zu Verläßlichkeit und Terminologie", S.99ff.). Vollmann schrieb 1947[40] eine praktische Anleitung zur Temperaturmethode und 1977[41] ein umfangreiches Werk dazu. 1959 erschien die deutsche Übersetzung eines Buches des holländischen Gynäkologen Dr. J.G.H. Holt[10], der die grundlegende

Regel zur Termperaturauswertung angibt: Man warte 3 höhere Messungen ab, von denen jede einzelne für sich zumindest 0,1° C höher ist als die höchste Messung der 6 vorausgegangenen tieferen Messungen; dann befinde man sich in der unfruchtbaren Phase vor der nächsten Menstruation. Die Erfahrung zeigte, daß diese Regel in dieser Form nicht ganz verläßlich ist. Es ist aber nur notwendig, die Auswertung der 3 höheren Messungen zusätzlich vom Ablauf der Zervixschleimphase abhängig zu machen und mit der 3. höheren Messung eine bestimmte Temperaturdifferenz zu erreichen, wenn man die absolut unfruchtbare prämenstruelle Phase bestimmen will (siehe Text zu **Tabelle 5**, ab S. 30).

Die Ovulations-Methode von Billings

1964 erschien die erste Auflage John J. Billings: „Die Ovulations-Methode"![1]. Darin wird eine **Temperaturmethode** beschrieben und die Frau angeregt, den Zervixschleim zu beobachten. Billings war Jahre hindurch der Meinung, daß nur etwa 70 % der Frauen den Schleim beobachten könnten[1, (S. 41)]. Was wir heute unter der **Billings-Methode** als alleinige Schleim-Beobachtung und Wahrnehmung von Empfindungen verstehen, existiert erst seit 1971[2 (S. 165)].

Zur Unterweisung in der **Ovulations-Methode** dient der seit 1973 in mehreren Auflagen erschienene „Atlas of the Ovulation Method"[2], in dem als Mitverfasser auch Frau Dr. Evelyn L. Billings und Rev. Maurice Catarinich genannt werden. Darin wird der letzte Tag jenes Schleims, der die beste fruchtbare Zeit anzeigt, als „Peak" („Höhepunkt") definiert.

Wir arbeiteten von Anfang an bei unserer sympto-thermalen Methode mit dem „letzten Tag des fadenziehenden glasigen Schleims" („wie rohes Eiweiß"), da erst danach „höhere" Messungen umrandet werden dürfen. Als international immer mehr der Name „Peak" akzeptiert und verbreitet wurde, wollten wir die gegenseitige Verständigung erleichtern und suchten nach einer passenden Übersetzung von „Peak" ins Deutsche. In Anlehnung an einen in der Medizin bereits üblichen Begriff fanden wir den deutschen Ausdruck „Höhepunkt" zutreffend, der bei uns den „letzten Tag des (relativ) besten Schleims" meint. Bei der gynäkologischen Untersuchung und Inspektion der Zervix spricht man vom „Höhepunkt der östrogenen Aktivität", nach dessen Überschreiten das

Eintreten der Ovulation erwartet werden kann – die aber nicht eintreten muß!

Es ist daher nicht richtig, wenn man immer wieder zu hören bekommt, daß die sympto-thermale Methoden eine Kombination der Billings- und der Temperaturmethode sei. Unsere eigenen Anleitungen zur Beobachtung des Zervixschleims und dessen Einbau in die Temperaturauswertung wurden vor und unabhängig von Billings angegeben (siehe Döring)[6, S. 23].

Die Methode der „doppelten Kontrolle"

Paul Thyma stellte 1973[38] in einem schmalen Bändchen eine kombinierte Auswertung von Temperatur und Zervixschleim vor, die er 1976[39] Methode der „doppelten Kontrolle" nannte. Diese Methode könnte als eine weitere echte sympto-thermale Methode angesehen werden. John und Sheila Kippley (1975)[14] bringen in ihrem ausgezeichneten Buch ebenfalls eine gewisse Zusammenschau von Temperaturmessung und Auswertung des Zervixschleims, in ähnlicher Weise auch Margaret Nofziger (1976)[21].

Thyma verlangte **3 Messungen auf der anhaltenden Hochlage** („sustained high temperature"[39, S. 24 f.]) und die Feststellung des **4. Tages nach dem Schleim-Höhepunkt**; was davon immer später im Zyklus eintritt, gab den Beginn der unfruchtbaren Zeit an.

Aufgrund unserer Regeln war es möglich, bereits am Abend des **3. Tages nach dem Höhepunkt** unfruchtbare Tage festzulegen, wenn es der Temperaturverlauf zuließ. Auf internationaler Ebene wurde diese bereits 3 Tage nach dem Höhepunkt bestehende Möglichkeit von unfruchtbaren Tagen in den Siebzigerjahren immer wieder bestritten. Ich mußte meine diesbezüglichen Ergebnisse z. B. in den USA, in England, in Australien, in Neuseeland, in Japan und in Hongkong ständig verteidigen. Die Billings-Regel und die darauf aufbauende Original-Thyma-Regel galten als praktisch unumstößliche fundamentale Regeln. Endlich fanden sich aber doch einige Gruppen, welche bei ihrer „doppelten Kontrolle" die Möglichkeit des 3. Tages nach dem Höhepunkt akzeptierten.

Diese bereits praktisch bewährte Modifikation der Thyma-Regel wurde in das Buch „Natürlich und sicher" (1987)[19, 20] der Arbeitsgruppe NFP in Bonn mit der dort beschriebenen Methode der „doppelten Kontrolle" übernommen und mit den Temperaturregeln von Rötzer kombiniert (siehe Fußnote S. 58[19], siehe auch eine

Schweizer Buchbesprechung[45]). Der auf Seite 57[19] umschriebene „Temperaturanstieg" entspricht derart genau der Regel nach Rötzer, daß man dort den Hinweis fordern müßte: „Definition nach RÖTZER". Auch fast alle Symbole zur Bezeichnung der Beobachtungen am Scheidenausgang sind von Rötzer übernommen.

Beratungsdienste im deutschen Sprachraum, in Italien und in Polen

In den Siebzigerjahren und lange davor war im gesamten deutschen Sprachraum praktisch nur mein kostenlos angebotener Beratungsdienst öffentlich tätig; und den mußte ich gegen Widerstand führen (Ziegler[44, S. 35/36]).

In den vergangenen Jahren hat sich in dieser Hinsicht dankenswerterweise einiges geändert. Ich möchte insbesondere jenen ungezählten Ehepaaren danken, die durch ihre Mitarbeit zur Klärung vieler strittiger Punkte beigetragen und vor allem gezeigt haben, daß die Natürliche Empfängnisregelung in ihrer weiterentwickelten Form lebbar ist. Meinen besonderen Dank möchte ich auch jenen vielen Mitarbeiterinnen und Mitarbeitern aussprechen, die als ausgebildete Lehrkräfte das Wissen um die Natürliche Empfängnisregelung im persönlichen Gespräch oder im Kursunterricht weitergeben und von denen ich wertvolle Anregungen für die erweiterte 20. Auflage dieses Buches erhielt.

Mein öffentlich auszusprechender Dank kann nur unvollständig sein. Es sei mir aber erlaubt, die Namen jener Personen zu erwähnen, die wesentlich zur Organisation des Instituts für Natürliche Empfängnisregelung (INER) als e.V. nach deutschem Recht beigetragen haben. Vor allem möchte ich meiner Tochter Elisabeth Rötzer danken, die seit 1975 hauptberuflich in unserem Büro arbeitet. Frau Karin Türck in Biberach an der Riß war nicht nur unermüdlich tätig, NER zu verbreiten, sondern bemühte sich auch um die rechtlichen Voraussetzungen für die Gründung von INER im Februar 1986, unterstützt von ihrem Mann Klaus Türck und dem Ehepaar Dr. med. Diether und Traude Mörsdorf. Frau Dr. med. Vera Kaffanke übernahm mit großem Erfolg vor allem die Organisation von Gruppen in der ehemaligen DDR.

Für die Organisation in der Schweiz setzten sich in selbstloser Weise Frau Dr. med. Margrit Reck und das Ehepaar Katharina und Walter Gabathuler ein. Eine wertvolle Unterstützung erhielten wir von der Interessengemeinschaft für Natürliche Familienplanung Schweiz/Fürstentum Liechtenstein in Zürich (Ehepaar Susan und Dr. Ludwig Braun-Clarke, ab 1994 Anne und Heinz Hürzeler, im Sand, CH-8775 Luchsingen)[45]. Bemerkenswert an dieser Interessengemeinschaft ist, daß sie alle in der Schweiz an NER interessierten Gruppen zu einer produktiven Zusammenarbeit vereinigen konnte. Es sind dies Gruppen, die z.B. nur die Billings-Methode lehren bis zu Gruppen mit verschiedenen sympto-thermalen Methoden, verteilt auf die deutsche, französische und italienische Sprachregion der Schweiz.

Eine seit 1985 bestehende Arbeitsgruppe in Verona konstituierte sich 1989 unter der Führung von zwei italienischen Ärzten, Dr. Sandro Girotto und Dr. Alberto Peroni, als INER-Italia. Bisher wurden von INER-Italia bereits mehr als 150 Lehrkräfte („Multiplikatoren“) ausgebildet.

Im Oktober 1993 wurde INER-Polen nach polnischem Recht gegründet und verfügt bereits über mehr als 200 „Multiplikatoren“ (die Adressen befinden sich auf Seite 127/128).

Schlußbemerkungen

Von unzähligen Frauen und Ehepaaren erhalten wir immer wieder die Nachricht, daß man die Natürliche Empfängnisregelung (NER) mit Hilfe dieses Buches im Selbstunterricht erlernen kann. Bei meinen vielen Vorträgen im In- und Ausland werde ich ständig angesprochen, wie hilfreich das Buch war, da man allein damit schon 10 Jahre und länger NER erfolgreich leben konnte.

Sicherlich geht das Kennenlernen des eigenen Zyklus schrittweise vor sich und erfordert einen gewissen Lernprozeß. Da die meisten Frauen nach wenigen Monaten mit dem Ablauf ihres Zyklus vertraut werden und ihn gut auswerten können, liegt eine gewisse Versuchung darin, sich mit dem so rasch Gefundenen zufrieden zu geben.

Jede Frau sollte aber daran denken, daß sich ihre innere Sicherheit erhöht, wenn sie sich auf diesem Gebiet ständig fortbildet. Jüngere Frauen sollen daran denken, daß das Hineinwachsen in eine verfeinerte Selbstbeobachtung des Zervixschleims im Hinblick auf die einmal kommenden **Wechseljahre** von besonderer Bedeutung ist.

Wer durch eine Art Bewußtwerdung der verschiedenen Empfindungen des Zervixschleims so weit kommt, daß sich diese Körperwahrnehmung von selbst aufdrängt – und das berichten viele Frauen immer wieder –, kann sowohl mit einer eventuell auftretenden **Zyklusstörung** sachgerecht umgehen, als auch **die Zeit nach der Geburt eines Kindes** und die **Zyklen der Wechseljahre** bewältigen.

Das Erlernen der Natürlichen Empfängnisregelung (NER) und die fortlaufende Weiterbildung kann man mit dem Erwerb eines Führerscheins und der Fahrpraxis vergleichen. Wie viele Opfer an Zeit und Geld nehmen doch alle jene auf sich, die einen Führerschein haben wollen! Um die letzten Feinheiten der NER beherrschen zu können, braucht es nicht so viele Unterrichtsstunden wie zum Erwerb des Führerscheins. Jeder Führerscheinbesitzer weiß, daß dann noch die Fahrpraxis erworben werden muß. Ebenso soll man bei der NER die Auslegung der eigenen Aufzeichnungen immer wieder mit Musterbeispielen vergleichen. Es wird das im Verlaufe der Zeit zu einer Selbstverständlichkeit, die keine Mühe mehr macht – wie das Autofahren nach entsprechender Fahrpraxis.

Es ist immer wieder Anlaß zu besonderer Freude, wenn die Nachricht einlangt, daß bei einem Ehepaar nach jahrelangem vergeblichem Kinderwunsch die ersehnte Schwangerschaft eingetreten ist und ein gesundes Kind geboren wurde. Es wurde bereits auf S. 67 erwähnt, daß der Prozentsatz an **Fehlgeburten** und an **Fehlbildungen der Neugeborenen** im eigenen Beratungsdienst geringer ist, als es dem Durchschnitt der Bevölkerung entspricht.

Das ist das Ergebnis einer eigenen prospektiven Untersuchung mit dem Eintritt von 617 Schwangerschaften[35]. Bei 611 Schwangerschaften ist deren Ausgang bekannt, bei 6 Frauen kam unsere Anfrage zurück, weil die Adressaten verzogen waren. Daß man bei einer Untersuchung über **mehr als 99% Beantwortungen** verfügen kann, ist wohl einmalig. Außerdem kam es **in keinem Fall zu einem Abbruch der Schwangerschaft**. Das soll deshalb eigens betont werden, da in jüngster Zeit die Ansicht verbreitet wurde, daß es bei Ehepaaren, welche NER anwenden, zu mehr Schwangerschaftsabbrüchen käme. Vor Jahren wurde mit unbewiesenen Behauptungen, daß es bei Anwendung der NER zu mehr Fehlgeburten und Mißbildungen käme, große Unruhe erzeugt. In einer eigenen Arbeit wurde eine ausführliche Widerlegung dieser Behauptungen vorgelegt[28]. Damit befinden wir uns voll in Übereinstimmung mit der diesbezüglichen internationalen Literatur.

Alle Auflagen dieses Buches wurden aufgrund der einlangenden umfangreichen Korrespondenz immer wieder an besondere Wünsche angepaßt. Unser Büro erhält im Jahr etwa 12 000 Zyklusaufzeichnungen, und als Antwort gehen im Jahr etwa 6 000 Briefe hinaus. Vor der 20. vollständig neubearbeiteten Auflage 1990 dieses Buches wurde eine Rundfrage gemacht, ob spezielle Änderungswünsche bestehen. Für die vielen Anregungen möchte ich an dieser Stelle meinen besonderen Dank sagen, auch allen jenen, die sich die Mühe gemacht haben, das Manuskript durchzusehen.

Abschließend darf der Wunsch ausgesprochen werden, daß ein immer tieferes Eindringen in die NER eine Bereicherung Ihres Lebens sein möge, wie es z. B. in Berichten bei Gertraud Stetter[37] zum Ausdruck kommt. **So soll dieses Buch „Natürliche Empfängnisregelung" bei Ihnen zu Hause immer zur Verfügung sein, damit Sie bei auftretenden Fragen sofort nachlesen können.** Auch sonst sollten Sie immer wieder einige Seiten darin lesen.

Anhang A

Zusammenfassung

1. Möglichkeiten der Natürlichen Empfängnisregelung (NER)

NER ermöglicht sowohl das Anstreben einer gewünschten Schwangerschaft als auch die Vermeidung der Empfängnis. Im Gegensatz dazu müssen die Methoden der Geburtenkontrolle (siehe ab S. 101), soweit sie überhaupt reversibel sind, abgesetzt werden, wenn man schwanger werden will. Verantwortliche Natürliche Empfängnisregelung stellt sich der Frage, wann ein Kind verantwortet werden kann, bzw. ob entsprechende Gründe für das Vermeiden der Empfängnis gegeben sind.

2. Bestimmung der fruchtbaren Tage mit Hilfe der Beobachtung des Zervixschleims (Zeichen S)

Die Zyklusphase mit der vermehrten Zervixschleimabsonderung gibt die fruchtbare Zeit direkt an. Bei sachgerechter Unterweisung kann es selbst nach Jahren eines vergeblichen Kinderwunsches noch gelingen, eine Schwangerschaft zu erzielen, wenn die Frau sich bemüht, die beste fruchtbare Zeit herauszufinden (kann manchmal nur ein Tag sein), und das Paar zu Beginn des Zyklus bis zum Eintreten der besten fruchtbaren Zeit auf den ehelichen Verkehr verzichtet (siehe auch Text zu **Tabelle 4**, insbesondere S. 29).

- **Die beste fruchtbare Zeit liegt am letzten Tag des relativ besten Schleims (der relativ „besten Qualität") und knapp davor, aber auch noch einen Tag danach.**

  Der letzte Tag des (noch relativ) besten Schleims in einem Zyklus wird als **Schleim-Höhepunkt ●** bezeichnet.

Für die Natürliche Empfängnisregelung (NER) ist es von grundlegender Bedeutung, die **„Zeichen der Fruchtbarkeit"** zu bestimmen (Text zu **Tabelle 1.1 und 3**). Diese können für manche Frauen in bestimmten Lebensabschnitten, z. B. in der Stillzeit und in den Wechseljahren, die einzige Möglichkeit für eine gute Zyklusauswertung sein; bzw. kann man sich bei entsprechender eigener Erfahrung in derartigen Situationen in besonderer Weise auf die Muttermunduntersuchung verlassen (ab S. 82).

3. Erlernen der Natürlichen Empfängnisregelung (NER)

- Bei Kinderwunsch kann es einen Sinn haben, zunächst drei Monate lang nicht schwanger werden zu wollen, damit man den Ablauf des eigenen Zyklus kennenlernt. Dadurch kann man nach der Geburt des Kindes die eigenen Aufzeichnungen besser auslegen.
- Wenn für kürzere oder längere Zeit eine Schwangerschaft nicht verantwortet werden kann, ist die Einhaltung von bestimmten Regeln notwendig, damit eine Empfängnis nicht eintritt.

3.1 Unfruchtbare Tage zu Beginn des Zyklus

- Als **1. Tag** des Zyklus gilt der **1. Tag** einer echten Menstruation. Eine **echte Menstruation** liegt nur dann vor, wenn vor dieser Blutung eine Hochlage der Temperatur war (siehe Text zu **Tabelle 7** ab S. 34).
- Wenn ein Menstruationskalender oder eine Temperaturaufzeichnung von zumindest 12 Zyklen ergibt, daß der kürzeste Zyklus nicht kürzer als 26 Tage war, dann dürfen die ersten 6 Tage des Zyklus als unfruchtbar angenommen werden (siehe **Tabelle 2**, S. 20 f.).
- Wenn kein Menstruationskalender und keine Temperaturaufzeichnungen vorliegen, möge man die diesbezüglichen Anleitungen im Text zu **Tabelle 2** beachten (S. 20 f.).
- Dann darf auch eine Anfängerin Unfruchtbarkeit **bis einschließlich 6. Tag** annehmen, aber nicht länger! Ab dem 7. Tag des Zyklus muß auf jeden Fall eine möglicherweise fruchtbare Zeit angenommen werden (siehe Text zu **Tabelle 2**, S. 20 f.). ◀
- Wenn vor einer eingetretenen Blutung keine Temperaturhochlage war, darf weder an den Tagen der Blutung noch danach Unfruchtbarkeit angenommen werden (siehe **Tabelle 8.4**).
- Man möge sofort damit beginnen, sich mit den „Zeichen der Fruchtbarkeit" vertraut zu machen (Text zu **Tabelle 1.1 und 3**). Hinweis insbesondere für die Anfängerin: **Finger nicht in die Scheide einführen!** Was man empfindet, kann wichtiger sein als das, was man sieht!

3.2 Zervixschleim und Temperaturauswertung

- Der **Schleim-Höhepunkt** ● ist der **letzte Tag** des **S** der besten Qualität in dem betreffenden Zyklus (nicht der Tag mit der

größten Menge). Meist ist dies der **letzte Tag von S-EW, S-gl** oder **S-fl** (siehe Text zu **Tab. 3**).
Es hat sich bewährt, das beobachtete **S** mit eigenen Worten ganz unten in der Tabelle zu beschreiben. Dabei läßt sich der Übergang vom letzten Tag der „besten Qualität" zu einer „schlechteren Qualität" besonders gut erfassen.

- Wenn in einem Zyklus **S** der beschriebenen „besten Qualität" nicht zur Beobachtung kommt, ist der letzte Tag des beobachteten **S** der „weniger guten Qualität" der **Höhepunkt ●**.

3.3 Beginn der unfruchtbaren Zeit nach den „höheren Messungen"

- Sichere Unfruchtbarkeit liegt ab dem Abend dann vor, sobald die Temperaturkurve 3 „höhere" Messungen aufweist, die
  - alle 3 **nach dem Höhepunkt ●** liegen
  - alle 3 **höher sind als die 6 Messungen der Tieflage** vor dem Anstieg der Temperatur und
  - bei denen **die 3. „höhere" Messung zumindest 0,2° C höher ist** als die höchste der 6 Messungen auf der Tieflage. **Mögliche Sonderfälle sind bei den Tabellen 5, 8.1, 8.2, 8.3 und 9 beschrieben.**
- **Jede Frau sollte ihre „übliche Temperaturhochlage" wissen (S. 40).** Wenn 3 oder 4 höhere Messungen auftreten sollten, die nicht auf der „üblichen Hochlage" sind, soll weitergemessen werden (siehe Stillzeit S. 74, Wechseljahre S. 77).

4. Unbedingtes Vermeiden einer Schwangerschaft

- Wer eine Schwangerschaft unbedingt vermeiden muß, darf in der gesamten Zeit, die als möglicherweise fruchtbar anzusehen ist, keinen sexuellen Kontakt irgendwelcher Art haben (siehe Text zu **Tabelle 12**, S. 63 und das Kapitel **„Anmerkungen zu Verläßlichkeit und Terminologie", wo das unbedingte Vermeiden einer Schwangerschaft genau beschrieben ist**, ab S. 99). Selbst Petting kann zu Schwangerschaft führen.

► Es ist nicht schwierig, mit der Natürlichen Empfängnisregelung (NER) selbst dann zu beginnen, wenn eine Empfängnis vermieden werden muß. Es müssen nur die Regeln eingehalten werden!

5. Fragen zur Messung der Aufwachtemperatur

Diese Fragen sollen Sie auf Umstände hinweisen, welche die Meßwerte verfälschen können. Selbst wenn in einem Zyklus derartige störende Faktoren an mehreren Tagen auftreten sollten, ist eine Auswertung der Temperaturkurve mit Hilfe des Zeichens **S** fast immer möglich.

- Habe ich die Aufwachtemperatur sofort nach dem Aufwachen gemessen?, als erste Handlung nach dem Aufwachen?
- Habe ich die Meßzeiten eingetragen, wenn die Uhrzeit des Messens von einem Tag zum anderen um mehr als 1 1/2 Stunden verschieden war?, oder wenn die Meßzeit nach 7.30 Uhr lag?
- Habe ich stets dasselbe Thermometer verwendet und habe ich stets dieselbe Art der Messung angewendet? (immer rektal, oder immer vaginal, oder immer oral?)
- Habe ich ein elektr. Thermometer verwendet (Digitalanzeige)? Diese können nach den bisherigen Erfahrungen infolge ihrer zu großen Meßtoleranz schlechtere Meßergebnisse aufweisen. Eine Meßgenauigkeit von ± 0,1° C und mehr laut Beipacktext kann bei flacheren Temperaturverläufen unzureichend sein. Ein Versuch kann dies klären. **Bei der oralen Messung sind die Anweisungen S. 19 P. 5c) über den Ort des Einführens des Thermometers zu beachten.**
- Habe ich in der Tabelle alle Ereignisse eingetragen, die unter Umständen die Temperaturwerte verfälschen können? (sogenannte „Störfaktoren") z. B.:
  - zu spät ins Bett gekommen? – stark verkürzte Nachtruhe?
  - vermehrter Alkoholgenuß insbesondere spät am Abend oder in der Nacht?
  - Überlastung? Streß? – (große) Aufregungen?
  - Erkrankungen selbst leichtester Art
  - Medikamente (nach Möglichkeit unter Angabe ihres Namens und der Menge)
  - Kuraufenthalt? – Klimaänderung? – Höhenunterschied?
  - Reisen? (Flugreise: Zeitverschiebung?)
- Alle diese Eintragungen sind nicht nur für die Anfängerin wichtig. Dadurch kann jede Frau Erfahrungen sammeln, wie ihre Temperaturwerte und der gesamte Zyklusverlauf auf verschiedene Ereignisse reagieren. So kann z. B. bei der einen Frau oftmaliges Aufstehen in der Nacht überhaupt keinen Einfluß auf den Meßwert haben, während sich bei einer anderen dadurch eine Änderung ergibt. So zeigt sich auch hier, daß die konkreten persönlichen Erfahrungen, wie eine bestimmte Frau auf „Störfaktoren" reagiert, sehr wichtig sind.

Anhang B

*Welchen Einfluß kann die Bekleidung und die Art der Intimhygiene auf die Beobachtbarkeit des Zervixschleims (Zeichen **S**) haben?*

(Zusammengestellt auf Grund der Mitarbeit von einigen hundert Frauen, die bereit waren, entsprechende Fragebögen auszufüllen und die in vielen Gruppengesprächen über ihre Erfahrungen berichteten.)

Ein ständiger „Ausfluß" kann nicht nur die verfeinerte Beobachtung des **S** unmöglich machen, er kann auch Ausdruck einer Infektion der Scheide sein. Massive Scheideninfektionen müssen selbstverständlich behandelt werden. In den meisten Fällen ist auch eine Behandlung des Ehepartners notwendig. Wenn dies nicht geschieht, kann die Frau nach Abschluß der Behandlung vom Partner immer wieder neu angesteckt werden („Ping-Pong-Infektion"). Hier muß man auf jeden Fall die Anweisungen des behandelnden Arztes einhalten. Viele Ausflußformen können aber zum Verschwinden gebracht werden, wenn man die nachstehenden Hinweise beachtet. In welchem Ausmaß die Einhaltung dieser Hinweise zur Vermeidung eines Ausflusses notwendig ist, wird von Frau zu Frau verschieden sein. Wenn eine Frau irgendwelche der nachstehend angeführten nachteiligen Auswirkungen an sich nicht feststellen sollte, braucht sie selbstverständlich die betreffenden Punkte nicht zu beachten.

Was kann einen „Ausfluß" begünstigen?

1. Unterwäsche aus Kunstfaser. Es sollen daher zumindest nur **Slips aus Baumwolle** getragen werden. Das Ergebnis kann noch verbessert werden, wenn man auf Strumpfhosen aus Kunstfaser verzichten kann. Von Frauen kam der Vorschlag, bei den Strumpfhosen aus Kunstfaser den Zwickel herauszuschneiden.

2. Der ständige Gebrauch von Binden oder Slip-Einlagen (ist oft anzutreffen, weil man einen „lästigen Ausfluß" hat; gerade das führt zu einem Teufelskreis). Binden oder Slip-Einlagen verschließen den Scheidenausgang, und es kommt zu einem Wärmestau („Treibhausklima"), was gerade das Wachstum jener Bakterien fördert, die für das Scheidenmilieu ungünstig sind und meist einen „Ausfluß" hervorrufen. **Das ist in unserem Beratungsdienst eine vielhundertfache Erfahrung!**

Es bewähren sich **Slips aus Baumwolle, die man mehrmals täglich wechseln kann**. Das ist auch in der Schwangerschaft wichtig, wenn „Ausfluß" auftritt; dadurch kann man sogar einer Pilzinfektion vorbeugen. Keine Watte in die Scheide stopfen! **Auf keinen Fall Vaginaltampons wegen „Ausfluß" verwenden!**

3. Das Tragen von Hosen, insbesondere wenn sie eng sind, im Zwickel einschneiden und den Scheidenausgang zupressen (dazu gehören auch Miederhosen; sogar Pyjama-Hosen können ungünstig sein). Kleider oder Röcke wären vorzuziehen. Ausspruch einer jungen Frauenärztin: „Eine Renaissance weit schwingender Röcke wäre vom gynäkologischen Standpunkt aus nur zu begrüßen."

4. Vaginaltampons zur Menstruationshygiene. Durch deren Einführen kommt Luft in die Scheide, was das Wachstum von Keimen begünstigen kann, die „Ausfluß" hervorrufen. Falls auf Tampons nicht ganz verzichtet werden kann, soll man zumindest an den Tagen einer schwächeren Blutung **keine Tampons** verwenden. Diese trocknen bei nur mehr geringerer Blutung die Scheidenwand aus und können auch jene günstigen Bakterien entfernen, die Milchsäure produzieren und damit für die Reinheit der Scheide sorgen. Dadurch können alle möglichen anderen ungünstigen Keime die Oberhand gewinnen und „Ausfluß" verursachen, bis hin zu einer Pilzinfektion. Pilzinfektion kann auch begünstigt werden durch Einnahme der Pille oder durch Antibiotika (fragen Sie deshalb Ihren Arzt, ob wegen jeder fieberhaften Erkrankung unbedingt ein Antibiotikum gegeben werden muß). Tampons können in der Scheidenwand zu kleinsten Verletzungen führen, die „Ausfluß" begünstigen und Eintrittspforte für ansteckende Krankheiten sein können.

5. Verwendung von Seife im Intimbereich. Am besten erfolgt die **lediglich äußerlich vorzunehmende Reinigung** nur mit Wasser. Vor übertriebenen Waschungen, wozu manche Frauen neigen, muß gewarnt werden. Rein äußerlich ist höchstens eine milde Babyseife oder eine alkalifreie Seife vertretbar. **Auf keinen Fall verwenden:** parfümierte Seifen, Lotionen, Intimsprays, Desinfizientia. **Keine**

Scheidenspülungen vornehmen! Keine – vor allem schäumende – Badewasserzusätze verwenden! Keinen Weichspüler für die Unterwäsche verwenden!

6. Falsche Reinigung nach dem Stuhlgang. Nicht von hinten nach vorne wischen, damit nicht Bakterien vom Darm in die Scheide verschleppt werden. Beim Reinigen der Harnröhrenöffnung und des Scheidenausganges kann man kurz von vorne nach hinten wischen, soll dann aber nur abtupfen (Gefahr einer Reizung des Scheidenausganges). **Kein parfümiertes Toilettenpapier!** Im Hinblick auf eine möglichst gute Beobachtung des **S** soll das Toilettenpapier möglichst farblos und nicht sehr saugfähig sein.

Allein die angeführten Änderungen in der Bekleidung und Intimhygiene können dazu führen, daß die Scheide sich nach einigen Monaten von selbst reinigt und man den „Ausfluß" verliert: sogar eine Pilzinfektion kann von selbst verschwinden. Die Wahrnehmung von **f** (siehe **Tabelle 1.1**) kann dann möglich werden.

Es soll nicht übersehen werden, daß es auch einen „nervösen Ausfluß" gibt. z.B. bei Überlastung (Streß-Situation; belastende Berufsausbildung oder Studium). Hier ist dann zusätzlich für ausreichenden Schlaf und für einen geregelten Tagesablauf zu sorgen (auch Vollwert-Ernährung kann wichtig werden).

Auf Grund all dessen, was oben gesagt worden ist, wird leicht verständlich, wieso Frauen in Entwicklungsländern kaum Mühe haben, ihre fruchtbare Zeit nur mit Hilfe der äußerlichen Beobachtungen des Zervixschleimes abzugrenzen, und zwar meist nur aufgrund der verschiedenen **Empfindungen am Scheidenausgang(!)**. In Entwicklungsländern wird als Bekleidung nur eine Art lockerer Umhang ohne Unterwäsche getragen. Der letzte Satz ist nur als reine Information aufzufassen. Wenn das jeweilige Klima eine derartige Bekleidung nicht zuläßt, wird man bei kluger Auswahl aller obigen Hinweise sicherlich eine Lösung finden können.

Mitarbeitende Frauen berichteten, daß sie bei einer Tätigkeit zu Hause z.B. über das Nachthemd nur einen Hausmantel (Morgenrock, Bademantel) überziehen und dann bereits beim Umhergehen empfindungsmäßige Unterschiede am Scheidenausgang und in der Scheide verspüren können, die sonst kaum wahrnehmbar sind. Dies hilft dann, auf Unterschiede in den Empfindungen selbst dann aufmerksam zu werden, wenn man die normale tägliche Kleidung trägt.

Anhang C

Abkürzungen und Symbole verschiedener Beobachtungen

t „trocken“ (siehe **Tabelle 1.1**)
Ø „nichts gespürt, nichts gesehen“ (siehe **Tabelle 1.1**).
f Empfindung **im Inneren der Scheide** (siehe **Tabelle 1.1**). Diese Empfindung kann so stark werden, daß manche Frauen ganz unten quer hineinschreiben: „es rinnt“, „es fließt“; beim **sofortigen Nachsehen** ist jedoch nichts am Papier zu sehen („äußerlich trocken“). Frauen berichten, daß man zum Erlernen dieser verfeinerten Beobachtung („Feinbeobachtung“) die Anleitung von **Anhang B** genau beachten soll.
S Schleim (Zervixschleim), noch nicht näher bezeichnet, soll jedoch zum Ausdruck bringen, daß es noch nicht **S** der „besten Qualität“ ist (was „beste Qualität“ meint, siehe Text zu **Tabelle 3** ab S. 22). Für Frauen, die nie ein **S** der „besten Qualität“ beobachten können, zeigt ihr festgestelltes **S** ihre persönliche beste fruchtbare Zeit an.

Bei einem derartigen **S** kann oberhalb des Großbuchstabens **S** eine erklärende Abkürzung mit Kleinbuchstaben angegeben werden:
w „weißlich“, meist dicklich, trüb, kann etwas klebrig sein, oder auch zäh.
mi „milchig“
cr „cremig“
kl „klumpig“, kann zäh sein.
g deutlich gelb und meist klumpig
gbl gelblich, mehr dünnflüssig, kann sich dem Aussehen **S** der mehr fruchtbaren Zeit annähern.

Eine Beschreibung mit eigenen Worten im untersten Bereich der Tabelle kann zusätzliche Hinweise geben und erleichtert die Auswertung (siehe Text zu **Tab. 3**). Für eine Frau, die ein **S** der „besten Qualität“ (das bei anderen Frauen die besondes fruchtbare Zeit anzeigt) nicht beobachten kann, ist der letzte Tag ihres persönlichen **S** der Schleim-**Höhepunkt ●**.

Für **S** der „besten Qualität" (**S** der besonders fruchtbaren Zeit) haben sich folgende Zeichen bewährt, **die auf jeden Fall oberhalb von S einzutragen sind:**

EW sieht aus wie „Eiweiß **des rohen Eies**" („wie Eiklar", „ausziehbar", „dehnbar") = „fadenziehend", „spinnbar", kann mehr oder weniger durchscheinend sein (siehe Text zu **Tabelle 3**, S. 25 ff.).

gl „glasig", dehnbar (ausziehbar) und glasklar durchsichtig.

fl „flüssig", das **S** der besonders fruchtbaren Zeit kann derart dünnflüssig werden, daß es wegrinnt wie Wasser.

Manche Frauen machen dann die Eintragung **„wie Wasserfall"**. Dann kann es geschehen, daß kein Schleim am Papier zu sehen ist. Man empfindet aber entweder „naß" oder „naß und schlüpfrig", „glitschig". Bei dieser Dünnflüssigkeit des **S** ist das, was man spürt, wichtiger als das, was man sehen kann. Diese Empfindungen der besten fruchtbaren Zeit sind am Scheideneingang wahrzunehmen. Im Unterschied dazu wird das oben beschrieben **f** im Inneren der Scheide wahrgenommen.

ns „naß und schlüpfrig" ist eine derartige empfindungsmäßige Beschreibung der besten fruchtbaren Zeit (**„beste Qualität"**).

Weitere Empfindungen der besten fruchtbaren Zeit können z. B. sein: „weich", „glatt", „wie angeschwollen", „rutschig", „glitschig". In den Wechseljahren kann **f** der einzige Hinweis auf mögliche Fruchtbarkeit sein.

Wichtige Wiederholung:
Diese Empfindungen können die besonders fruchtbare Zeit angeben, selbst wenn nichts zu sehen ist!
Diese Empfindungen sind gleichwertig den Zeichen EW usw.

Der letzte Tag des **S** der „besten Qualität" oder der entsprechenden Empfindung ist der **Höhepunkt ●**. Dieser wird mit einem dicken Punkt oberhalb des Zeichens für das betreffende **S** oder der Empfindung angegeben.

● = Höhepunkt

Andere Zeichen:

M „Mittelschmerz" (siehe Text zu **Tabelle 4**).

B „Brustsymptom" (siehe Text zu **Tabelle 14**).

Spezielle Literaturhinweise

Als Vorgänger dieses Buches „Natürliche Empfängnisregelung" erschien 1965 „Kinderzahl und Liebesehe, ein Leitfaden zur Regelung der Empfängnis", dessen 9. Auflage 1978 herauskam; es wird nicht mehr gedruckt und wurde seit 1979 durch „Natürliche Geburtenregelung" ersetzt, das mit der 18. Auflage 1988/89 den neuen Titel erhielt:

Natürliche Empfängnisregelung

Die Übersetzungen ins Englische, Französische und Italienische sind im Literaturverzeichnis angeführt. Daneben liegen noch folgende Übersetzungen vor:
- Holländisch: Dr. Josef Rötzer, partnerschap, een handleiding voor natuurlijke geboortenregeling, J. N. Voorhoeve – Den Haag 1981.
- Kroatisch: Dr. med. Josef Rötzer, Prirodna regulacija poroda, Krscanska Sadasnjost, Zagreb 1983.
- Polnisch (3. Auflage): Dr. med. Josef Rötzer, Naturalna regulacja poczec. Hlondianum, Poznan 1994.
- Die Übersetzung ins Japanische ist erhältlich bei: Fr. Anthony Zimmerman, Hitoshi Building no. 602, Ueda 3. 1205, Tempakuku, Nagoya 468, Japan.
- Ungarisch: Dr. med. Josef Rötzer, Természetes fogamzásszabályozás. Verlag Herder, Wien-Budapest 1992.
- Rumänisch: Dr. med. Josef Rötzer, Viata in doi, Reglarea naturala a fecunditatii. Jordi AG, Belp/Switzerland, 1992.
- Manuskripte in Albanisch, Spanisch. Tschechisch und Türkisch sind verfügbar; es können die Adressen angefordert werden, bei denen diese Manuskripte bestellt werden können.

Ein Briefwechsel mit zahlreichen Beispielen verschiedenster Aufzeichnungen findet sich in:

Mit Freuden Frau sein
Ingrid Trobisch und Elisabeth Rötzer, 28./15. neu bearbeitete Auflage 1995, R. Brockhaus Verlag, Wuppertal 1995, 264 Seiten. (Die früheren 2 Bände sind nun in einem Buch zusammengefaßt.)

Literaturverzeichnis

1. **Billings**, J. J.: The Ovulation Method. The Advocate Press, Melbourne 1964.
2. **Billings**, J. J.: Discussion. Proceedings of a Research Conference on Natural Family Planning, at Airlie House, Warrenton, Virginia, Jan 23–26, 1972, p. 165. Ed. by W. A. Uricchio, Mary Kay Williams, The Human Life Foundation, Washington, D. C., 1973. – Seit 1973 sind mehrere Auflagen des „Atlas of the Ovulation Method" erschienen, verfaßt von Evelyn L. Billings, John J. Billings und Maurice Catarinich, Advocate Press, Melbourne.
3. **Buxton**, C. L., E. T. Engle: Time of Ovulation. A Correlation Between Basal Temperature, the Appearance of the Endometrium, and the Appearance of the Ovary. Amer. J. Obstet. Gynec. 60 (1950) 539–551.
4. **Döring**, G. K.: Ein Beitrag zur Frage der periodischen Fruchtbarkeit der Frau auf Grund von Erfahrungen der Zyklusanalyse mit Hilfe der Temperaturmessung. Geburtsh. Frauenheilk. 10 (1950) 515–521.
5. **Döring**, G. K.: Die Bestimmung der fruchtbaren und unfruchtbaren Tage der Frau mit Hilfe der Körpertemperatur. Thieme, Stuttgart 1954. – Die Temperaturmethode zur Empfängnisverhütung, 8. überarb. Aufl., Thieme, Stuttgart 1982.
6. **Döring**, G. K.: Empfängnisverhütung. Ein Leitfaden für Ärzte und Studenten, 12. überarbeitete Auflage, Verlag Georg Thieme, Stuttgart 1990.
7. **Frank**, Petra, Elisabeth Raith: Natürliche Familienplanung. Physiologische Grundlagen, Methodenvergleich, Wirksamkeit. Eine Einführung für Ärzte und Berater. Springer-Verlag, Berlin-Heidelberg 1985.
   Dasselbe Werk als 2., völlig überarbeitete und erweiterte Auflage:
   Raith, Elisabeth, Petra Frank, G Freundl: Natürliche Familienplanung heute. Springer-Verlag Berlin-Heidelberg 1994.
8. **Hillebrand**, Antonie (Schwester von Pfarrer W. Hillebrand): Korrespondenz: Persönliche Mitteilung.
9. **Hillebrand**, Hubert: Zwischen ärztlicher und seelsorglicher Ehehilfe. Matthias-Grünewald, Mainz 1962.

10. **Holt**, J. G. H.: Geburtenregelung auf biologischem Wege. Der Zusammenhang zwischen Fruchtbarkeit und Körpertemperatur der Frau. Franz Deuticke, Wien 1959 (Original in Holländisch: Het getij. Het verband tussen vruchtbaarheid en temperatuur bij de vrouw. Dekker & van de Vegt, Utrecht, Nijmegen 1957).
11. **Indago**, W., E. **Egenter**: Liebe in Gewissensnot. Werkbund-Verlag Würzburg 1952, 6. überarbeitete Auflage 1964 (Indago ist das Pseudonym für August Wilhelm von Eiff).
12. **Keefe**, E. F.: A practical openscale thermometer for timing human ovulation. N. Y. J. Med. 49 (1949) 2554–2555.
13. **Keefe**, E. F.: Self-observation of the Cervix to Distinguish Days of Possible Fertility. Bull. Sloana Hosp. Wom. 8 (1962) 129–136.
14. **Kippley**, John and Sheila: The Art of Natural Family Planning. Couple to Couple League, P. O. Box 111184, Cincinnati, Ohio 45211, U. S. A., 1975 (3rd ed. 1987).
15. **Knaus**, H.: Ueber den Zeitpunkt der Konzeptionsfähigkeit des Weibes im Intermenstruum. Münchn. med. Wschr. 76 (1929) 1157–1160.
16. **Knaus**, H.: Die periodische Frucht- und Unfruchtbarkeit des Weibes. Zbl. Gynäk. 57 (1933) 1393–1408.
17. **Knaus**, H.: Die Physiologie der Zeugung des Menschen. 4. Aufl., Wilhelm Maudrich, Wien 1953.
18. **Meier-Vismara**, Elisabetta und Urs: Glückliche Familie. Verantwortete Sexualität – Verantwortete Elternschaft („Billings-Methode“). Hrsg. von Christof Casetti. Verlag Wort und Werk, D-4054 Nettetal 1984.
19. „Natürlich und sicher“, Natürliche Familienplanung – Ein Leitfaden. Arbeitsgruppe NFP Bonn, Ehrenwirth Verlag, München 1987.
20. „Natürlich und sicher“, Natürliche Familienplanung Arbeitsheft. Arbeitsgruppe NFP Bonn, Ehrenwirth Verlag, München 1988. Seither mehrere Auflagen.
21. **Nofziger**, Margaret: Natürliche Geburtenkontrolle, eine kooperative Methode. 3. Auflage 1980, Irisiana Verlag, Haldenwang (Amerikanisches Original: A Cooperative Method of Natural Birth Control. The Book Publishing Company, Summertown, Tennessee 38483, U. S. A. 1976).
22. **Ober**, K. G.: Dr. med. h. c. Wilhelm Hillebrand. Geburtsh. Frauenheilk. 20 (1960) 188–192.

23. **Ogino**, K.: Ovulationstermin und Konzeptionstermin. Zbl. Gynäk. 54 (1930) 464–479.
24. **Ogino**, K.: Über den Konzeptionstermin des Weibes und seine Anwendung in der Praxis. Zbl. Gynäk. 56 (1932) 721–732.
25. **Rötzer**, J.: Kinderzahl und Liebesehe. Ein Leitfaden zur Regelung der Empfängnis. Herder, Wien 1965.
26. **Rötzer**, J.: Erweiterte Basaltemperaturmessung und Empfängnisregelung. Arch. Gynäk. 206 (1968) 195–214.
27. **Rötzer**, J.: Natürliche Geburtenregelung. Der partnerschaftliche Weg. 1. Auflage 1979, 13. überarbeitete und erweiterte Auflage 1985, neuer Titel seit 18./19. Auflage 1989: **Natürliche Empfängnisregelung**. Herder, Wien-Freiburg-Basel
28. **Rötzer**, J.: Verantwortete Elternschaft. Warum sollte die Zeitwahl problematisch sein? Die Neue Ordnung 32 (1978) 1–15.
29. **Roetzer**, J.: The Sympto-Thermal Method: Ten Years of Change. Linacre Quarterly 45 (1978) 358–374.
30. **Roetzer**, J.: Family Planning the Natural Way. Fleming H. Revell, New Jersey, U. S. A. 1981.
31. **Rötzer**, J.: Die sympto-thermalen Methoden der Natürlichen Empfängnisregelung. In: Familienplanung 1981. Hrsg. von H. Janisch und A. Beck, S. 71–83. Facultas-Verlag, Wien 1982.
32. **Roetzer**, J.: A Prospective Sympto-Thermal Trial in Austria, Germany and Switzerland. Presentation III International Congress IFFLP/FIDAF Hong Kong, Nov. 20–30, 1983.
33. **Rötzer**, J.: La régulation naturelle des naissances. Médiaspaul, Paris 1987.
34. **Rötzer**, J.: La regolazione naturale della fertilità. Cortina, Verona 1987.
35. **Roetzer**, J.: Natural Family Planning und Pregnancy Outcome. International Journal of Fertility, Supplement, pp. 40–42, Published May 1988.
36. **Spieler**, J., S. Thomas: Demographic aspects of natural family planning. Int. J. Gynecol. Obstet., 1989, Suppl. 1: 133–144.
37. **Stetter**, Gertrud: Wachset und mehret euch, Verantwortete Sexualität. Begleitende Materialien zur ZDF-Sendung „Kontakte – Magazin für Lebensfragen". Verlag Butzon & Bercker, Kevelaer 1980.
38. **Thyma**, P.: Fertile and Infertile Days in Married Life. Author's Edition (Jan Mucharski), Fall River, Massachusetts, U.S.A. 1973.

39. **Thyma**, P.: The Double Check Method of Natural Family Planning. Married Life Information, Fall River MA, U. S. A. 1976.
40. **Vollmann**, R. F.: Fruchtbarkeit und Temperaturkurve der Frau. Kyklos, Zürich 1947.
41. **Vollmann**, R. F.: The Menstrual Cycle. Vol. 7. Major Problems in Obstetrics and Gynecology. W. B. Saunders Company, Philadelphia-London-Toronto 1977.
42. WORLD HEALTH ORGANIZATION: A Prospective Multicentre Trial of The Ovulation Method of Natural Family Planning. I. The Teaching Phase. Fertility and Sterility 36 (1981) 152–158 (in Entwicklungsländern sind bis zu 99,5 % der Frauen imstande, den Zervixschleim wahrzunehmen, in westlich zivilisierten Ländern – zum damaligen Zeitpunkt der Untersuchung – bis zu 97,4 % der Frauen).
43. **Wulf**, K.-H., H. **Schmidt-Matthiesen**: Klinik der Frauenheilkunde und Geburtshilfe, Handbuch in 12 Bänden, Band 2 (1989) „Sexualmedizin, Infertilität, Familienplanung", Verlag Urban & Schwarzenberg, München.
44. **Ziegler**, J. G.: Verantwortete Elternschaft. Eine zeit- und theologiegeschichtliche Orientierung zur Natürlichen Familienplanung (NFP). Respublica-Verlag, Franz Schmitt, Postfach 1831, D-5200 Siegburg 1990.
45. Interessengemeinschaft für Natürliche Familienplanung Schweiz/Fürstentum Liechtenstein. Koordinationsstelle CH-Zürich, Riedtlistr. 85. Ab 1994 Anne und Heinz Hürzeler, im Sand, CH-8775 Luchsingen. NFP-Bulletin 4. Jg., Nr. 10, Mai 1988, S. 15–17.

Personen- und Sachverzeichnis

Beratungsdienst für Anfragen zur Natürlichen Empfängnisregelung (NER)

Anfragen und Zyklusbeobachtungen möchten Sie senden an:

Prof. Dr. med. Josef Rötzer
Vorstadt 6
A-4840 Vöcklabruck
Österreich

oder an die Tochter
Elisabeth Rötzer, die seit 1975 hauptberuflich im Sekretariat und bei Zyklusauswertungen mitarbeitet,
unter derselben Adresse.
Elisabeth Rötzer hat gemeinsam mit Ingrid Trobisch das Buch „Mit Freuden Frau zu sein", 2. Band, herausgegeben.

Das Institut für Natürliche Empfängnisregelung Dr. Rötzer e.V. (INER) wurde im Februar 1986 nach deutschem Recht für den gesamten deutschen Sprachraum gegründet (Deutschland, Österreich, Schweiz, Südtirol). In Italien entstand INER-Italia, Istituto per la regolazione della fertilità, Largo S. Nazaro, 1 – I-37129 Verona, Italien. Es folgte INER-Polen, Instytut Naturalnego Planowania Rodziny, Dom Katolicki im. Piusa XI, ul. Nowogrodzka 49, PL-00-695 Warszawa.

Von unserem Institut erhalten Sie nicht nur Informationsmaterial, sondern auch Auskünfte über Kurse über die Natürliche Empfängnisregelung (NER), die ständig angeboten werden. Sie können auch eine Intensiv-Ausbildung zur weiteren persönlichen Vertiefung oder als Multiplikator anstreben, die so weit gehen kann, daß Sie das Wissen um die Natürliche Empfängnisregelung (NER) in kleinem Kreis oder im Kursunterricht weitergeben können. Diese Ausbildung schließt mit dem Erwerb eines Zertifikates ab.

Informationen hierüber erhalten Sie bei den zuständigen Landesorganisationen:

INER, Sitz des Instituts (Deutschland), Karin Türck,
D-88400 Biberach, Göserweg 28.
Bei Anfragen an die Zentrale in Deutschland möchten Sie DM 5,– in Briefmarken beilegen.

INER Österreich, Elisabeth Rötzer,
A-4840 Vöcklabruch, Vorstadt 6.

INER Schweiz und Fürstentum Liechtenstein
W. u. K. Gabathuler,
CH-9400 Rorschach, Mühletobelstraße 63.

Wenn Sie bei der Verbreitung der Natürlichen Empfängnisregelung (NER) mitarbeiten oder diese zumindest fördern möchten, sind Sie eingeladen, **INER** als Mitglied beizutreten. Sie können uns bereits ganz wesentlich helfen, wenn Sie förderndes Mitglied werden, ohne zu irgendeinem aktiven Einsatz verpflichtet zu sein. Die Mitgliedschaft ist unabgängig vom Alter oder vom jeweiligen persönlichen Stand. Wenden Sie sich bitte an Ihre jeweilige Landesstelle. Als Mitglied erhalten Sie überdies laufende Informationen.

Im gesamten deutschen Sprachraum (Deutschland, Österreich, Schweiz, Südtirol) sowie in Oberitalien im Raume Verona und Umgebung besteht ein Netz von Kontaktadressen für Einzelanfragen sowie ausgebildeten Multiplikatoren, die auch die Schulungskurse halten können. Wenn Sie Interesse an der Vermittlung derartiger Adressen haben, an die Sie sich auch persönlich wenden können, möchten Sie ebenfalls an Elisabeth Rötzer schreiben.

Wenn Sie eine Anfrage an Elisabeth Rötzer oder an Dr. Josef Rötzer richten wollen, möchten Sie nach Möglichkeit auch den nebenstehenden Fragebogen ausfüllen und beilegen.

Die anschließend abgedruckten Tabellen sollen Sie anregen, mit Aufzeichnungen zu beginnen. Etwas größere und damit leichter zu handhabende Tabellen sind in Blocks zu 50 Stück im Buchhandel erhältlich.

Prof. Dr. Med. Josef Rötzer

Natürliche Empfängnisregelung – Herder, Freiburg 1996

Fragebogen

Name: .... Geburtsdatum: ....
Name des Ehemannes: .... Geburtsdatum: ....
Geburtsdaten und Vornamen der Kinder:
....
....
....
....
....
....
Wurde bereits anläßlich der Geburt bei einem Kind irgendeine krankhafte Veränderung oder eine besondere Auffälligkeit festgestellt?: ....
Zeigte sich in der weiteren Folge bei einem Kind irgendeine Auffälligkeit oder krankhafte Veränderung, die angeboren sein könnte?: ....
Fehlgeburten (bitte auch das jeweilige Datum angeben): ....
....
....

I. FRAGEN ZUR SELBSTBEOBACHTUNG DES ZEICHENS S

(wenn der Platz für die Antworten nicht ausreicht, dann verwenden Sie bitte hierfür ein eigenes Blatt)

Können Sie an einem oder an einigen Tagen das Zeichen **S** in Form eines glasig-durchscheinenden Schleimes von fadenziehender Eigenschaft feststellen, der ähnlich aussieht wie das Eiweiß des rohen Eies („Eiklar") = „Eiweiß-Schleim"?: ....

Welche Beschreibung würden Sie vorziehen, „Eiweiß-Schleim" oder den Ausdruck „glasig", oder würden Sie eine andere Beschreibung vorschlagen?:
....

Können Sie Unterschiede innerhalb des Zeichens **S** feststellen und wie würden Sie diese beschreiben?: ....

Falls ein „Eiweiß-Schleim" (oder eine „glasige" Absonderung) nicht feststellbar ist, können Sie das Zeichen **S** wenigstens in irgendeiner anderen Form beobachten und wie würden Sie Ihr Zeichen **S** beschreiben? ....
....
....

Man sollte herausfinden, ob unmittelbar im Anschluß an die Regelblutung Tage sind, an denen ein ausgesprochenes Gefühl der Trockenheit eigens empfunden werden kann und nicht nur ein Fehlen einer Absonderung. Könnten Sie die „trockenen Tage" eigens empfinden?: ....

Halten Sie es aufgrund Ihrer persönlichen Beobachtungen für möglich, daß Sie zu Beginn des Zyklus bis zum Auftreten des Zeichens **f** unfruchtbare Tage annehmen könnten?: ....

Genügt Ihnen zur Beurteilung des Zeichens **S** die rein gefühlsmäßige Empfindung des Zeichens **S**, ohne daß Sie z. B. Toilettenpapier verwenden?: ....
Wurde bei Ihnen am äußeren Muttermund einmal eine „Verschorfung" oder eine „Elektro-Koagulation" vorgenommen? Wann? ....
Oder – falls Sie dies wissen – wurde am Muttermund eine „Konisation" vorgenommen?: ....

II. FRAGEN ZUR MESSUNG DER AUFWACHTEMPERATUR

Welches Thermometer verwenden Sie?: ....
(wenn vorhanden, bitte Beipacktext übersenden; vor allem bei einem elektr. Thermometer mit Digitalanzeige oder dgl.)
Messen Sie durch Einführen des Thermometers in den Darm (sogenannte rektale Messung)?: .... mindestens 5 Min. lang?: ....
oder welche andere Art der Messung führen Sie durch?: ....
....
....
Messen Sie immer sofort nach dem Erwachen?: ....
Um welche Uhrzeit messen Sie für gewöhnlich?: ....
Welche früheste Uhrzeit kommt in Frage?: ....
Welche späteste Uhrzeit kommt in Frage?: ....
Wenn die Uhrzeit von einem Tag zum anderen um mehr als 1 1/2 Stunden verschieden ist oder nach 7.30 Uhr liegt, dann soll die Uhrzeit eingetragen werden. Wann wird das Thermometer „hinuntergeschüttelt"? ....
Wird immer dasselbe Thermometer verwendet?: ....
Wird das Thermoemeter sofort nach dem Messen abgelesen?: ....
Kommt es vor, daß Sie nach dem Aufwachen zuerst aufstehen, sich hierauf wieder niederlegen und dann erst messen?: ....
Geben Sie die ungefähre Dauer Ihrer Nachtruhe (Schlaf) an:
von .... bis .... Uhr.

III. WICHTIGE ERGÄNZENDE ANMERKUNGEN

Das Zeichen **X** bedeutet stets eine volle eheliche Vereinigung mit Samenerguß in die Scheide der Frau. Abweichungen davon sollen mit jenen Zeichen angegeben werden, wie sie im Buch in Tabelle 12 erklärt sind.
Haben Sie das Zeichen **X** immer richtig und seiner Bedeutung gemäß eingetragen?: ....
Das Zeichen **X** sollte zumindest an zwei wichtigen Tagen eingetragen werden, und zwar an jenem Tag, bis zu dem zu Beginn des Zyklus voller ehelicher Verkehr war, und an dem Tag, ab welchem nach Ablauf der fruchtbaren Tage der volle eheliche Verkehr wieder aufgenommen wurde. Irgendwelche Intimbeziehungen an den fruchtbaren Tagen sollten mit den entsprechenden Zeichen vermerkt werden. Es möge bedacht werden, daß trotz Anwendung empfängnisverhütender Maßnahmen an den fruchtbaren Tagen eine Schwangerschaft eintreten kann.

Sehr geehrte Frau Kollegin!
Sehr geehrter Herr Kollege!

In internationaler Sicht besteht ein zunehmendes Interesse an der Natürlichen Empfängnisregelung. Bei der Weltgesundheitsorganisation in Genf ist eine eigene Arbeitsgruppe tätig, die sich mit der Weiterentwicklung der Lehre von den fruchtbaren und unfruchtbaren Tagen der Frau befaßt. Die modernen Formen der „Zeitwahl" unterscheiden sich grundlegend von der veralteten und unzuverlässigen „Methode Knaus-Ogino", ja sie sind sogar über die alleinige Messung der Aufwachtemperatur hinausgewachsen, bzw. können unter bestimmten Umständen sogar auf die Temperaturmessung verzichten. Am verläßlichsten ist die sympto-thermale Methode.

Hunderte von Beratungsstellen in vielen Ländern arbeiten bereits positiv im Sinne der modernen Formen der Zeitwahl. Eine internationale Vereinigung zur Förderung der natürlichen Empfängnisregelung mit der Zentrale in Washington, D. C., USA, hat Mitgliederorganisationen in mehr als 70 Ländern. Im deutschen Sprachraum konnte diese Entwicklung leider noch nicht in breiterem Umfang Fuß fassen.

Wenn die Zeitwahl als partnerschaftlicher Weg nicht nur von der Frau allein angenommen wird und wenn die entsprechenden Informationen zur Verfügung stehen, erreicht die Zuverlässigkeit der modernen Formen der Zeitwahl jene der „Pille". Unter fachkundiger Anleitung ist es für jede Frau möglich, mit Hilfe der sympto-thermalen Methode eine Schwangerschaft mit Sicherheit zu vermeiden.

Es wäre allerdings eine Überforderung der Kollegen, wenn man die notwendige Unterweisung allein von der ärztlichen und frauenärztlichen Praxis erwarten wollte. Es ist nicht daran gedacht, die ohnehin bereits überforderte ärztliche Praxis mit einem zusätzlichen Unterrichtsprogramm zu belasten. Die Patientin, die Ihnen diesen Brief überreicht, steht bereits inmitten eines entsprechenden Lernprozesses der

Natürlichen Empfängnisregelung und kann bei Bedarf jederzeit ergänzende Informationen erhalten. Es soll mit diesem Brief nur die Bitte ausgesprochen werden, den neuen Aspekten der Natürlichen Empfängnisregelung Ihr wohlwollendes Interesse entgegenzubringen. Weitere Informationen mögen Sie der Broschüre entnehmen, aus der dieser Brief entnommen ist.

Im 1989 erschienenen Band 2 (Sexualmedizin, Infertilität, Familienplanung) der Klinik der Frauenheilkunde und Geburtshilfe ist auf S. 163 die sympto-thermale Methode nach Rötzer eigens angeführt. Auf S. 166 wird gesagt, daß „dieses Verfahren auf den Österreicher Rötzer zurückgeht, der die Methode erstmals 1968 beschrieb ... die Zuverlässigkeit reicht fast an 100 % heran."

Helfen Sie uns bitte, diese sympto-thermale Methode, wie sie in unseren Beratungsstellen angeboten wird, noch mehr bekannt zu machen.

Mit kollegialer Hochachtung

Prof. Dr. Josef Rötzer e. h.

A-4840 Vöcklabruck,
Vorstadt 6
Oberösterreich
Tel. 0 76 72/33 64

entnommen aus dem Buch:
Natürliche Empfängnisregelung,
Der partnerschaftliche Weg
Verlag Herder,
Wien – Freiburg – Basel 1979
22. Auflage, 1996

Verwenden Sie ein elektr. Thermometer? Welches?

Messung: rektal ☐; vaginal ☐; oral ☐

Name: geb.: Blatt:

Anzahl der bisher beobachteten Zyklen: Kürzester Zyklus: Früheste 1. höhere Messung:

1. Tag	2.	3.	4.	5.	6.	7.	8.	9.	10.	11.	12.	13.	14.	15.	16.	17.	18.	19.	20.	21.	22.	23.	24.	25.	26.	27.	28.	29.	30.	31.	32.	33.	34.	35.	36.	37.	38.	39.	40.
6																																							
X: 5																																							
4																																							
3																																							
2																																							
S: 1																																							
37,0																																							
9																																							
8																																							
7																																							
6																																							
5																																							
4																																							
3																																							
36,2																																							
Uhrzeit																																							
1. Tag	2.	3.	4.	5.	6.	7.	8.	9.	10.	11.	12.	13.	14.	15.	16.	17.	18.	19.	20.	21.	22.	23.	24.	25.	26.	27.	28.	29.	30.	31.	32.	33.	34.	35.	36.	37.	38.	39.	40.
						SU																																	

Uhrzeit = von der üblichen Zeit des Messens stark abweichende Uhrzeit (oder wenn nach 7.30 Uhr). – Falls Sie die Selbstuntersuchung des äußeren Muttermundes vornehmen, möchten Sie dies im untersten Bereich dieser Tabelle eintragen, wo sich keine Temperaturlinien mehr befinden. Oder Sie verwenden diesen Raum für eine Beschreibung des Zervixschleimes (quer hineinschreiben).

SU = Selbstuntersuchung der Brust (am besten nach der Regelblutung).

Name: geb.: Blatt:

Anzahl der bisher beobachteten Zyklen: Kürzester Zyklus: Früheste 1. höhere Messung:

Verwenden Sie ein elektr. Thermometer? Welches?

Messung: rektal ☐; vaginal ☐; oral ☐

1. Tag	2.	3.	4.	5.	6.	7.	8.	9.	10.	11.	12.	13.	14.	15.	16.	17.	18.	19.	20.	21.	22.	23.	24.	25.	26.	27.	28.	29.	30.	31.	32.	33.	34.	35.	36.	37.	38.	39.	40.
6																																							
X: 5																																							
4																																							
3																																							
2																																							
S: 1																																							
37,0																																							
9																																							
8																																							
7																																							
6																																							
5																																							
4																																							
3																																							
36,2																																							
Uhrzeit																																							
1. Tag	2.	3.	4.	5.	6.	7.	8.	9.	10.	11.	12.	13.	14.	15.	16.	17.	18.	19.	20.	21.	22.	23.	24.	25.	26.	27.	28.	29.	30.	31.	32.	33.	34.	35.	36.	37.	38.	39.	40.
						SU																																	

Uhrzeit = von der üblichen Zeit des Messens stark abweichende Uhrzeit (oder wenn nach 7.30 Uhr). – Falls Sie die Selbstuntersuchung des äußeren Muttermundes vornehmen, möchten Sie dies im untersten Bereich dieser Tabelle eintragen, wo sich keine Temperaturlinien mehr befinden. Oder Sie verwenden diesen Raum für eine Beschreibung des Zervixschleimes (quer hineinschreiben).

SU = Selbstuntersuchung der Brust (am besten nach der Regelblutung).

Name: geb.: Blatt:

Anzahl der bisher beobachteten Zyklen: Kürzester Zyklus: Früheste 1. höhere Messung:

Verwenden Sie ein elektr. Thermometer? Welches?

Messung: rektal ☐; vaginal ☐; oral ☐

1. Tag	2.	3.	4.	5.	6.	7.	8.	9.	10.	11.	12.	13.	14.	15.	16.	17.	18.	19.	20.	21.	22.	23.	24.	25.	26.	27.	28.	29.	30.	31.	32.	33.	34.	35.	36.	37.	38.	39.	40.
6																																							
X: 5																																							
4																																							
3																																							
2																																							
S: 1																																							
37,0																																							
9																																							
8																																							
7																																							
6																																							
5																																							
4																																							
3																																							
36,2																																							
Uhrzeit																																							
1. Tag	2.	3.	4.	5.	6.	7.	8.	9.	10.	11.	12.	13.	14.	15.	16.	17.	18.	19.	20.	21.	22.	23.	24.	25.	26.	27.	28.	29.	30.	31.	32.	33.	34.	35.	36.	37.	38.	39.	40.
						SU																																	

Uhrzeit = von der üblichen Zeit des Messens stark abweichende Uhrzeit (oder wenn nach 7.30 Uhr). – Falls Sie die Selbstuntersuchung des äußeren Muttermundes vornehmen, möchten Sie dies im untersten Bereich dieser Tabelle eintragen, wo sich keine Temperaturlinien mehr befinden. Oder Sie verwenden diesen Raum für eine Beschreibung des Zervixschleimes (quer hineinschreiben).

SU = Selbstuntersuchung der Brust (am besten nach der Regelblutung).

Name: geb.: Blatt:

Anzahl der bisher beobachteten Zyklen: Kürzester Zyklus: Früheste 1. höhere Messung:

1. Tag	2.	3.	4.	5.	6.	7.	8.	9.	10.	11.	12.	13.	14.	15.	16.	17.	18.	19.	20.	21.	22.	23.	24.	25.	26.	27.	28.	29.	30.	31.	32.	33.	34.	35.	36.	37.	38.	39.	40.
6																																							
X: 5																																							
4																																							
3																																							
2																																							
S: 1																																							
37,0																																							
9																																							
8																																							
7																																							
6																																							
5																																							
4																																							
3																																							
36,2																																							
Uhrzeit																																							
1. Tag	2.	3.	4.	5.	6.	7.	8.	9.	10.	11.	12.	13.	14.	15.	16.	17.	18.	19.	20.	21.	22.	23.	24.	25.	26.	27.	28.	29.	30.	31.	32.	33.	34.	35.	36.	37.	38.	39.	40.
						SU																																	

Verwenden Sie ein elektr. Thermometer? Welches?

Messung: rektal ☐; vaginal ☐; oral ☐

Uhrzeit = von der üblichen Zeit des Messens stark abweichende Uhrzeit (oder wenn nach 7.30 Uhr). – Falls Sie die Selbstuntersuchung des äußeren Muttermundes vornehmen, möchten Sie dies im untersten Bereich dieser Tabelle eintragen, wo sich keine Temperaturlinien mehr befinden. Oder Sie verwenden diesen Raum für eine Beschreibung des Zervixschleimes (quer hineinschreiben).

SU = Selbstuntersuchung der Brust (am besten nach der Regelblutung).

Name: geb.: Blatt:

Anzahl der bisher beobachteten Zyklen: Kürzester Zyklus: Früheste 1. höhere Messung:

1. Tag	2.	3.	4.	5.	6.	7.	8.	9.	10.	11.	12.	13.	14.	15.	16.	17.	18.	19.	20.	21.	22.	23.	24.	25.	26.	27.	28.	29.	30.	31.	32.	33.	34.	35.	36.	37.	38.	39.	40.
6																																							
X: 5																																							
4																																							
3																																							
2																																							
S: 1																																							
37,0																																							
9																																							
8																																							
7																																							
6																																							
5																																							
4																																							
3																																							
36,2																																							
Uhrzeit																																							
1. Tag	2.	3.	4.	5.	6.	7.	8.	9.	10.	11.	12.	13.	14.	15.	16.	17.	18.	19.	20.	21.	22.	23.	24.	25.	26.	27.	28.	29.	30.	31.	32.	33.	34.	35.	36.	37.	38.	39.	40.
						SU																																	

Verwenden Sie ein elektr. Thermometer? Welches?

Messung: rektal ☐; vaginal ☐; oral ☐

Uhrzeit = von der üblichen Zeit des Messens stark abweichende Uhrzeit (oder wenn nach 7.30 Uhr). – Falls Sie die Selbstuntersuchung des äußeren Muttermundes vornehmen, möchten Sie dies im untersten Bereich dieser Tabelle eintragen, wo sich keine Temperaturlinien mehr befinden. Oder Sie verwenden diesen Raum für eine Beschreibung des Zervixschleimes (quer hineinschreiben).

SU = Selbstuntersuchung der Brust (am besten nach der Regelblutung).

Name: geb.: Blatt:

Anzahl der bisher beobachteten Zyklen: Kürzester Zyklus: Früheste 1. höhere Messung:

Verwenden Sie ein elektr. Thermometer? Welches?

Messung: rektal ☐; vaginal ☐; oral ☐

1. Tag	2.	3.	4.	5.	6.	7.	8.	9.	10.	11.	12.	13.	14.	15.	16.	17.	18.	19.	20.	21.	22.	23.	24.	25.	26.	27.	28.	29.	30.	31.	32.	33.	34.	35.	36.	37.	38.	39.	40.
6																																							
X: 5																																							
4																																							
3																																							
2																																							
S: 1																																							
37,0																																							
9																																							
8																																							
7																																							
6																																							
5																																							
4																																							
3																																							
36,2																																							
Uhrzeit																																							
1. Tag	2.	3.	4.	5.	6.	7.	8.	9.	10.	11.	12.	13.	14.	15.	16.	17.	18.	19.	20.	21.	22.	23.	24.	25.	26.	27.	28.	29.	30.	31.	32.	33.	34.	35.	36.	37.	38.	39.	40.
						SU																																	

Uhrzeit = von der üblichen Zeit des Messens stark abweichende Uhrzeit (oder wenn nach 7.30 Uhr). – Falls Sie die Selbstuntersuchung des äußeren Muttermundes vornehmen, möchten Sie dies im untersten Bereich dieser Tabelle eintragen, wo sich keine Temperaturlinien mehr befinden. Oder Sie verwenden diesen Raum für eine Beschreibung des Zervixschleimes (quer hineinschreiben).

SU = Selbstuntersuchung der Brust (am besten nach der Regelblutung).